La crítica teatral en *ABC*
1918-1936

American University Studies

Series II
Romance Languages and Literature
Vol. 181

PETER LANG
New York · San Francisco · Bern
Frankfurt am Main · Paris · London

Vance R. Holloway

La crítica teatral en *ABC* 1918-1936

PETER LANG
New York · San Francisco · Bern
Frankfurt am Main · Paris · London

Library of Congress Cataloging-in-Publication Data

Holloway, Vance R.
    La crítica teatral en *ABC* : 1918-1936 / Vance R.
Holloway.
        p. cm. — (American university studies. Series
II, Romance languages ; vol. 181)
        Includes bibliographical references.
        1. Dramatic criticism.   2. Reader-response
criticism.   3. Theater—Spain—Madrid—History—
20th century.   4. Spanish drama—History and
criticism.   5. ABC (Madrid : Spain)   I. Title.
II. Series.
    PN1707.H64   1991   792'.0946'41—dc20   91-22975
✓ ISBN 0-8204-1677-0   CIP
    ISSN 0740-9257

© Peter Lang Publishing, Inc., New York 1991

INDICE

La crítica teatral en *ABC*
1918-1936

INTRODUCCION

Planteamientos teóricos

Este estudio es una investigación histórico-literaria que arranca de las teorías de la recepción. Hans Robert Jauss ha notado que la historia literaria tradicional suele ser enfocada en la producción y representación, o sea, en el autor y el texto, sin prestar atención a la recepción por parte de lectores o espectadores. Esta tendencia no atiende a dimensiones indispensables del contexto histórico de la literatura.

Fundamental a la teoría de la recepción es la idea que la recepción del texto está determinada por circunstancias históricas y culturales, que cambian con el transcurso temporal. Así es que, como nota Jauss, "The historicity of literature as well as its communicative character presupposes a dialogical and at once process-like relationship between work, audience and new work that can be conceived in the relations between message and receiver" (19).

En el triángulo del acto comunicativo, constituido por el emisor, el mensaje y el destinatario, éste media entre el texto y la historia. La recepción del texto por parte del destinatario, sea en la sincronía del momento de su producción o desde la perspectiva diacrónica, es lo que determina el significado del mensaje. Como comenta Jauss, "In the triangle of author, work and public the last is no passive part, no chain of mere reactions, but rather itself an energy formative of history" (Ibid.). Por eso, según el teórico alemán, hay que revisar las historias literarias, incorporando las aportaciones de la recepción:

> the quality and rank of a literary work result neither from the biographical or historical conditions of its origin, nor from its place in the sequence of the development of a genre alone, but rather from the criteria of influence, reception and posthumous fame, criteria that are more difficult to grasp (5).

Así, una forma de llegar a una mejor comprensión de la literatura de épocas pasadas es la de intentar reconstruir su recepción en el período de su producción. Partiendo de estas premisas, este proyecto trata de la recepción del teatro en Madrid entre 1918 y 1936 conservada en la crítica teatral de *ABC*.

La elección de *ABC*

Decidí estudiar la crítica en primer lugar porque aporta documentos pertinentes a la valoración de la representación teatral. Seleccioné *ABC* porque me parece el periódico más representativo de las expectativas culturalmente dominantes en la época estudiada. Ahora bien, el discurso crítico constituye sólo un horizonte de la recepción. Los autores, y los espectadores de distintos grupos sociales, forman otros. Bernhard Zimmermann ha señalado la necesidad de plantear el estudio de la recepción con una base sociológica. Afirma que es preciso estudiar "la recepción a varios niveles de estructura social y mediada por ellos" (45). A su vez, dentro del discurso crítico, habrá también variantes. Los periódicos madrileños respondían a distintos criterios ideológicos, que debían influir también en sus expectativas teatrales. Idealmente entonces, un examen de la recepción crítica abarcaría al menos las perspectivas de los críticos de varios periódicos madrileños para el período elegido.[1] Tal empeño me pareció de alcance excesivo para hacer de una vez, y me he contentado aquí con el intento de suministrar un eslabón del estudio comparativo previsto.

Entre 1918 y 1936, *ABC* era el periódico de mayor difusión en Madrid.[2] Acepto como hipótesis fundamentales en primer lugar, que esta posición dominante entre los periódicos de Madrid se debía a la coincidencia de valores entre *ABC* y sus lectores. De ahí quisiera postular que la crítica de *ABC* era estéticamente representativa de los gustos del público predominante. Además, los críticos habían de influir en la formulación de las expectativas teatrales, puesto que su función era la de informar y orientar a sus lectores y el discurso crítico tenía el valor autorizado dado por la capacidad profesional y por el prestigio de pertenecer al equipo de redacción de *ABC*.[3]

Otros factores apuntan también a la coincidencia entre la crítica del periódico más leído en Madrid y los espectadores madrileños. Villegas ha observado que, por regla general, suele haber una notable correspondencia de valores entre la crítica y sus lectores: "el emisor del discurso crítico, generalmente, pertenece a los sectores cultos hegemónicos y sus destinatarios también corresponden a los mismos sectores" (42). A su vez, Bourdieu ha examinado esta correspondencia con respecto a los diarios franceses, señalando "the elective affinity between the journalist, his paper and his readers" (240). Como ejemplo, Bourdieu cita el comentario de Jean-Jacques Gautier, "for a long time literary critic of *Le Figaro*":

> a good *Figaro* editor, who has chosen himself and been chosen through the same mechanisms chooses a *Figaro* literary critic because 'he has the right tone for speaking to the readers of the paper', because, without making a deliberate effort, 'he naturally speaks the language of *Le Figaro*' and is the paper's 'ideal reader' (240).

En el período investigado, *ABC* era el periódico predilecto de la clase alta y de la alta burguesía, y estos grupos constituían el público principal de la alta comedia y el drama. Estos géneros a su vez eran las formas más estimadas entre la crítica. Así, se hace notar una correlación entre los espectadores, la crítica y el periódico con respecto al teatro preeminente en la época.

Mas la hegemonía cultural no siempre corresponde al poder político y económico. Aunque la crítica compartía una jerarquía estética con las clases directoras que valorizaban los géneros cultos, tenía que responder también a otros valores teatrales asociados con un público burgués más amplio. Quiero sugerir que, si bien los críticos no estaban de acuerdo a veces con los criterios estéticos de este público, sí se acomodaban a sus gustos.

ABC era un periódico ideológicamente conservador. Ofrecía una perspectiva coherente que lo calificaba, en las palabras de Antonio Espina, como "la voz cantante del conservatismo monárquico constitucional" (268). Cuando se agrega a esto su postura consistentemente anti-sindical y su simpatía germanófila durante la Primera Guerra Mundial, no sorprenderá que el periódico se asociara ideológicamente con la burguesía conservadora, ni el hecho de que fuera incautado dos veces por elementos de la izquierda durante la Segunda República: primero entre 11/V/31 y 5/VI/31, y luego a partir de 19/VII/36. Su público probablemente era, como apunta Desvois,

> la oligarquía: aristocracia, gran burguesía, Iglesia (hasta que llegara El Debate) y parte del Ejército. Pero con ello sólo no se explicaría su éxito de tirada, y es probable que fuera leído por parte de la pequeña burguesía reaccionaria... (20).

Ahora bien, la descripción del carácter ideológico y social del público teatral, así como el de los lectores de *ABC*, no pasa de ser una suposición, ya que los estudios estadísticos para confirmar el caso en el período en cuestión no se han realizado. Sin embargo, como premisa, la índole burguesa y conservadora de los espectadores teatrales está arraigada en la crítica actual, así como en la de aquel momento. Luis Araquistáin afirmó en *La batalla teatral* que "el señorío del teatro contemporáneo corresponde a la burguesía. Ella paga, ella manda, ella impone sus gustos y preside la mutación de los géneros" (21). Más recientemente, Juan Antonio Hormigón opinó con respecto al teatro de principios de este siglo que "La burguesía impulsó... un arte y un teatro que englobaba los contenidos más universales de su programa histórico y de su moral" (166). Jesús Rubio Jiménez nota que en los últimos años del siglo pasado "los teatros españoles más importantes" eran frecuentados por la burguesía, es decir, "el gran público conservador" (*Ideología* 229).

Esta burguesía no era homogénea, y algunos de los críticos hacen referencia a sus capas altas en sus comentarios. Tal es el caso de Luis Fernández Cifuentes, cuando describe el horizonte de expectativas teatrales de la época de los veinte, opinando que "su expresión más cabal, acaso su modelo, se encuentra todavía en la obra de Jacinto Benavente con cierta competencia por parte de los hermanos Quintero" (12). Similarmente, José Monleón comenta que "Benavente es un eco de la burguesía española... a través de él... encuentra esta clase su ideario" (165).

Por otra parte, José Monleón señala que "el teatro no era una verdad sino una complicidad... [que] existía para tranquilizar a la clase media" (147). Esto apunta, creo, a las capas medias de la burguesía, las cuales se asociaban con un teatro socialmente conservador, de diversión frívola. Araquistáin opinó al respecto que "las clases directoras—políticos, intelectuales, financieros, altos empleados, hombres de ciencia, jurisconsultos, etc.—[junto con el proletariado—no] irán al teatro, o muy raramente, por su vulgaridad o su infantilismo". Queda, según Araquistáin, la pequeña burguesía, y lo que esta clase quiere es "un teatro que le haga reír y le ayude la digestión, fundándose en que para quebraderos de cabeza sobran con los de la propia vida" (56). A su vez, Dru Dougherty cita un comentario pertinente hecho por Ramón J. Sender. Este, notando el carácter de los espectadores, así como la primacía de la diversión en su teatro, opinó que el público español era "una burguesía media reñida desde su nacimiento con toda apariencia de actividad intelectual" (113).

En suma, la relación entre los valores vigentes en el teatro, la ideología del periódico, y la de sus lectores es compleja. No obstante, creo que sí se hacía notar una correlación. Sin tener una afiliación partidista, *ABC* era el periódico asociado con los grupos sociales y con el régimen hegemónicos en los 20, y esto también determinó en parte la selección de *ABC* como representativo de las expectativas teatrales predominantes en la época estudiada.

La organización de los capítulos

La investigación fundamental para este proyecto fue llevada a cabo en la Hemeroteca Municipal de Madrid y consistió en el repaso de 18 años de *ABC*, diario madrileño. Empiezo con el año 1918, el cual correspondió al fin de la Gran Guerra Europea de 1914–1918. En ese año se acabaron también las ganancias españolas contingentes a la guerra, y la disminución económica resultante debía afectar el teatro, como afectó otros aspectos de la sociedad. Tomo los cambios asociados con este gran acontecimiento histórico como comienzo de un período que termina con la ruptura ocasionada por la Guerra Civil.

El primer capítulo consiste en un examen de las condiciones profesionales de la crítica teatral seguido de un estudio comparativo de cuatro críticos importantes de la época: Manuel Machado, Enrique Díez-Canedo, Enrique de Mesa y Ramón Pérez de Ayala. Me aproximo a los cuatro reseñadores mediante las semejanzas y diferencias en su estética reveladas en las recopilaciones de su crítica teatral. Puestas de manifiesto, las expectativas de estos cuatro críticos destacados sirven como una base para hacer comparaciones con la crítica teatral en *ABC*.

Respecto de mi acercamiento, conviene notar que la recepción de los textos—en este caso la recepción crítica de la representación teatral—está determinada por el horizonte de expectativas de los destinatarios, el cual tiene tres dimensiones. Jauss ha notado que

> The analysis of the literary experience... describes the reception and the influence of a work within the objectifiable system of expectations that arises for each work in the historical moment of its appearance, from a pre-understanding of the genre, from the form and themes of already familiar works, and from the opposition between poetic and practical language (22).

Por consiguiente, para los cuatro críticos analizados, intento precisar sus expectativas, comparando, en primer lugar, los criterios deducibles de su acercamiento a géneros estéticamente opuestos: la farsa cómica y el drama. Entonces procuro evaluar la respuesta crítica a dos dramaturgos cuyas obras formaban hitos muy conocidos y de contrastado valor: Pedro Muñoz Seca y Jacinto Benavente. Creo que la oposición entre el lenguaje diario y el poético se revela en las expectativas de los críticos vistas en su totalidad.

La crítica teatral en *ABC* tenía dos vertientes principales, y los capítulos subsiguientes están dedicados al estudio de éstas. Una era la crítica diaria: las reseñas de estrenos, escritas generalmente a una hora tardía después de la representación y publicadas al día siguiente. Estas recensiones constituían la crítica práctica, y el segundo capítulo analiza las expectativas genéricas y la estética crítica deducibles de la totalidad de ella en el período. El tercer capítulo examina las reseñas mediante enfoques distintos: la reacción crítica a algunos de los dramaturgos más representados de la época—Jacinto Benavente, Pedro Muñoz Seca, Joaquín y Serafín Alvarez Quintero,Carlos Arniches —cuyas obras debían formar en parte el horizonte de expectativas del teatro más conocido en la época. Luego paso a estudiar el tratamiento crítico de temas sociales, y el de las obras experimentales, procurando hacer notar la relación entre los valores estéticos y la ideología de la crítica. Termino el capítulo con un análisis del crítico principal de *ABC*, Luis Gabaldón.

Al lado de la crítica práctica en *ABC* se publicaban artículos sobre temas teatrales. Estos constituían la crítica teórica, y eran distintos de las recensiones diarias por varias razones. Solían aparecer en diferentes secciones del periódico, podían tener más extensión y tenían la posibilidad de ser frutos más maduros que los de la crítica diaria. Más importante es la diferencia temática entre las vertientes críticas. Las reseñas solían evaluar el estreno, haciendo comparaciones entre la obra nueva y sus antecedentes. Se prestan así al examen de las expectativas genéricas. Los artículos, en cambio, trataban de diversos temas relacionados con el teatro de la época, y tenían mayor alcance, así en materias regionales y extranjeras como en los criterios estéticos ofrecidos.

He agrupado estos artículos en dos categorías: los que trataron de la crisis teatral planteada en la época, y los que se ocuparon más de los remedios que de las causas de la crisis, es decir, los artículos dedicados a temas de renovación. El estudio de los artículos forma dos capítulos. Uno (el cuarto) examina los que fueron publicados entre 1918 y 1926. A principios de 1927, *ABC* inició su Página Teatral. Esta sección abarcaba más colaboradores y un mayor alcance temático y por lo tanto ha merecido su propio tratamiento (Capítulo 5).

Por último, después de un sumario, he agregado una bibliografía selecta de los artículos en *ABC* entre 1918 y 1936. Espero que esta bibliografía, y el índice que la acompaña sean útiles para otros investigadores de la recepción teatral, pero quisiera notar algunas de sus limitaciones. No incluí en ella las crónicas y artículos que me parecían dedicados a la chismografía en lugar de la teoría teatral, y tampoco incorporé las crónicas anónimas de un carácter más informativo que teórico. Así que la bibliografía ha sido determinada en parte por mis propios criterios, y otra investigación, respondiendo a criterios distintos, tendría resultados distintos también. El mismo reparo sobre la subjetividad de mi acercamiento se aplica al índice, el cual agrupa los artículos según su temática principal. En vista de que los temas tratados a veces estaban muy entrelazados, los resultados se deben considerar como una orientación más provisional que definitiva.

Pese a los reparos en cuanto al carácter subjetivo de algunas dimensiones de mi análisis, espero que la crítica teatral de *ABC* aportada por este estudio, tanto de las reseñas diarias como de los artículos teóricos, ayude a fijar el horizonte de expectativas normativo en el teatro madrileño entre 1918 y 1936.

CAPITULO I

LA CRITICA TEATRAL MADRILEÑA

Las dimensiones del oficio

El período de 1918 a 1936 era uno de muchísima actividad teatral en España. Según un estudio reciente hecho sobre el teatro madrileño, en el primer lustro de los veinte, durante los meses de mayor oferta en cada temporada solía haber "un promedio de cerca de mil representaciones por mes en Madrid".[1] No menos prolífica era la cantidad de estrenos por año, siendo el promedio 211 para las temporadas de 1919 a 1924, y muy cerca de eso la cifra para los otros años abarcados por este estudio.[2] Con tanto interés en el teatro no sorprenderá que también fuera considerable la producción de crítica teatral en los periódicos de la época. Una encuesta de *ABC* fechada el 6 de diciembre de 1925 cita nada menos que 14 revisteros, descontando sus propios colaboradores, de periódicos varios.[3]

El elevado número de críticos daba para mucha diversidad de opinión. Muchos estrenos recibieron sólo una reseña mínima en la prensa, la cual consistía en un resumen de la trama, un breve comentario sobre la actuación y presentación, y el reportaje de las reacciones del público presente para el estreno, ofreciendo pocas opiniones sobre las cualidades artísticas de la puesta en escena y las literarias de la obra. Un crítico que se comprometía a este tipo de reseña como su norma era Juan G. Olmedilla, revistero del *Heraldo de Madrid*. El tenía el "firme convencimiento... que al encargado de relatar en un diario los acontecimientos teatrales no le es lícito suplantar con su opinión personal—por autorizada que ésta pueda ser—el fiel reflejo de la opinión que la obra haya merecido al común de los espectadores". Por consiguiente, él se auto-caracterizaba como cronista teatral que había logrado "una justa reputación de crítico benévolo, excesivo en el elogio y tímido en la censura" (Barango-Solís 8/IV/28, 11). En cambio, había algunos críticos de severidad notoria como Enrique de Mesa, reseñador para *El Imparcial*, que lo consideraba como deber suyo enjuiciar según criterios que a menudo le alejaban no poco de la favorable opinión pública, y, claro está, de la de los autores, empresarios y actores.[4]

En parte la tendencia a limitarse a la recensión de trama, presentación y reacción pública se debía a las condiciones difíciles del oficio. Vistas estas condiciones, el dramaturgo Eduardo Marquina descontaba el valor de la mayoría de las reseñas:

> El crítico, obligado suministrador de cuartillas a la hora señalada, no tiene siquiera el derecho de escoger, para la audición y el juicio de una obra, el día que le plazca. Ha de escribir su crítica momentos después de haber presenciado, entre la mayor suma de coacciones que pueden hacerse al libre juicio de un individuo, el estreno de una obra (Barango-Solís 20/V/28, 3).

Según Marquina, "un estudio (en ocasiones, de dos y más obras) no puede hacerse en dos o tres horas. A lo sumo, una impresión" (Ibid.). Esta actitud no era nada nueva. Galdós, a fines del siglo pasado, hizo observaciones semejantes, quejándose de la "absurda necesidad que sienten los periódicos diarios de dar a la estampa opiniones rapidísimas, inciertas, contradictorias, pronunciadas como sentencia ejecutiva, inapelable, al día siguiente del estreno" (Citado por Araquistáin 227). Galdós subrayaba la injusticia latente en esto desde la perspectiva autorial: los críticos "en pocas horas han de apurar todo el conocimiento literario y dar, no ya un juicio, sino sentencia, sobre composiciones que son fruto de largas vigilias y de intensas fatigas del entendimiento" (Ibid.).

Entre las coacciones que influían en la crítica figuraban las amistades y favores que podían existir entre revisteros, empresarios y actores. Varios de los comentaristas teatrales del momento que no hacían reseñas diarias tenían opiniones desfavorables de la crítica. Araquistáin opinaba que "la crítica contemporánea no suele ser independiente sino con rarísimas excepciones. Está condicionada por el mundo de afectos—simpatías y antipatías—que une o separa a los hombres" (214). Ricardo Baeza sostenía que, al público, la crítica le

> engañará y mentirá sin el menor escrúpulo. Siendo el objetivo puramente personal: el servir a un cliente o el agradar a un amigo... lo único que pretende, fiando en la virtud del contagio, es que se engañe al público, en beneficio de su vanidad y su bolsillo, pintándole como victoria lo que fue una derrota inequívoca (Baeza 1).

Para Manuel Pedroso en cambio, una preparación inadecuada era el defecto principal de la crítica. Creía que algunos críticos "por su valor literario y pureza de juicio honran el menester".[5] Pero creía que existían pocas figuras de esa índole: "la crítica actual, salvo las excepciones indicadas, es algo roto. Sin ideal, sin estilo. Ignora las líneas generales. No liga la obra criticada con un caudal de cultura".

Los autores ofrecieron algunos de los juicios más severos sobre la crítica. Como Fernando Barango-Solís notó con respecto a esta tendencia, ellos, siendo los más directamente afectados por la crítica, tenían la inveterada tendencia a dudar de las opiniones, cuando no de la competencia en general, de los revisteros que les otorgaban recensiones desfavorables (8/IV/28, 11). Benavente, por el prestigio de su posición, encabezaba esta disposición a protestar. El no cuestionaba las aptitudes de los críticos, sino que lamentaba su exigencia excesiva y poco compasiva. Le parecía que los críticos medían las obras según criterios estéticos fijados con independencia de las limitaciones impuestas por el público, los actores y los empresarios:

> Se empeñan en considerar el teatro como arte puro,

sin tener en cuenta que los autores hemos de ajustar-
nos a las exigencias del público, poco preparado para
obras puramente artísticas; a las conveniencias de los
actores, por sus condiciones o por las formaciones de
las compañías y a los intereses de los empresarios que,
como es natural, se preocupan más de su negocio que
de hacer arte.[6]

Quintiliano Saldaña, reinvindicando el punto de vista del espectador, también quería señalar lo que le parecía severidad excesiva por
parte de los críticos: "No hay, para ellos, obra buena, francamente
recomendable. Aspiran a la perfección". El espectador "a ciegas va,
confiando: 'No será tan malo como dicen'; que, para los eminentes
críticos todo o casi todo es deplorable, defectuoso, nulo".

Por otra parte, algunos autores defendían el derecho de los críticos
de enjuiciar sus obras, y reafirmaban la integridad ética de ellos.
Eduardo Marquina reconocía las cualidades admirables de los críticos
imperantes, opinando que el crítico puede ser "vanguardia, fuerza de
choque y descubierta del teatro", y que "hoy suele ser un escritor de
nota". Carlos Arniches mantenía que "la crítica, tal como se ejerce
hoy, es más sincera y más inteligente que nunca" y Pedro Muñoz Seca
afirmaba que "la crítica española es la más honrada del mundo" en
cuanto a su independencia de juicio, ya que, después de estrenar
ciento setenta obras, Muñoz Seca todavía no había recibido "ni una
petición ni una recomendación de un crítico" (Barango-Solís, 20/V/28,
3).

Entre los defensores de la crítica desinteresada figuraban críticos
además de autores. Notablemente, Enrique Díez-Canedo, quizás el
más respetado en la época por la ecuanimidad con la que desempe-
ñaba su oficio, no veía que la independencia de juicio fuese un problema. Afirmaba el predominio de la competencia, la independencia, y
el desinterés, declarando que "en España el ejercicio de la profesión de
crítico es absolutamente compatible con el culto a la verdad" (*Tercer
Congreso* 120). Reconocía que había excepciones a esto, admitiendo que
es "cierto que existe una parcialidad, una camaradería observable, a
veces, en la crítica", pero respondió que, a pesar de ello, "el público

sabe siempre donde ha de hallar una opinión sincera y una crítica independiente" (*Tercer Congreso* 116).

Muchas eran las referencias al papel didáctico de la crítica entre los que escribían sobre el teatro. Los críticos que consistentemente se atrevían a ofrecer sus juicios estéticos pese a las condiciones difíciles y coacciones posibles del oficio creían, de una manera u otra, que la crítica tenía que ser la vanguardia en un proceso de descubrimiento artístico. Luis Araquistáin resaltaba la necesidad de la reacción estética no influida por los intereses propios, definiendo la crítica teatral como "ante todo, la necesidad desinteresada de contrastar un hecho, un fenómeno, que es la obra de arte, con un criterio de verdad estética, que es el del crítico o el del espectador o lector" (213). Manuel Pedroso concebía el papel del crítico en términos casi idénticos a los de Marquina, como "vanguardia, asistencia y reserva de la obra de arte", y definía su criterio de verdad estética como "la necesidad de ligar la obra criticada con un caudal de cultura". Y Federico Navas sostenía que los críticos debían "ser como los jueces y los pastores y los doctores de la ley teatral" (240).

Algunos críticos resaltaban la distancia entre la estética del público y la de los críticos. Manuel Bueno notaba el contraste entre la reacción ingenua a la obra y la opinión cultivada: "Un crítico no puede ser ingenuo. Es preciso que el crítico, le guste o no una obra, la analice y la ponga reparos", y por consiguiente "su papel está en no entregarse, en superar al público por la reflexión". José de la Cueva señalaba la placidez del público frente a las exigencias de cambio de los críticos: "Y en este momento y en este país se pretende que el arte refleje inquietudes, aspiraciones, ansias, anhelos que no siente. De aquí la discrepancia, cada día más patente, entre autores, público y crítica. La crítica, asomada a las fronteras, compara y señala" (*El Imparcial* 8/IV/28, 11). Antonio Espina lamentaba la falta de progreso en la sensibilidad del público, así como en la de los autores, subrayando la necesidad del crítico de mantenerse firme en su papel didáctico: "no por eso la crítica debe cejar en su empeño de vencer las resistencias que se oponen a la franquía del arte, del verdadero arte dramático", puesto que es la obligación "más que de nadie, y aunque el esfuerzo bien pudiera resultar baldío, de la Prensa, de los críticos y, en general, de los intelectuales" salvar al teatro (Citado en: Anon. *ABC* 28/VII/32, 12).

Evidentemente, las definiciones de la crítica y las percepciones de cómo debía ser ejercida variaban mucho según se era revistero diario, espectador, intelectual o teórico teatral, autor, empresario, etc.. Alvaro Alcalá Galiano reconocía que siempre habría discrepancias de opinión entre los interesados y descartaba la idea que por eso la crítica debía limitarse a relatar los acontecimientos teatrales sin enjuiciar. Opinaba que la idea de suprimir la crítica porque alguna vez desacertaba "parece tan fuera de lugar como si, disconformes con el fallo reciente de un Tribunal, pidiéramos la supresión absoluta de Tribunales, jueces y abogados" (Citado en Navas 241). Asimismo, otros reseñadores reconocían que podían equivocarse y que sus opiniones no tenían que ser privilegiadas frente a las de los demás, sin anular los méritos de la crítica en general. Arturo Mori creía que los desacuerdos entre autores y críticos eran fecundos así como inevitables, y que había sido un "error de algunos autores la creencia de que hacía falta un derecho especial para juzgarlos". Para él, no había más derechos en la crítica que "el de la inteligencia y el del amor al teatro". Creía que la crítica era a su vez "una obra como la que ella juzga, sometida también al juicio de otra crítica cualquiera" (*El Imparcial* 8/IV/28, 11).

Cuatro críticos ejemplares

Fuera de recurrir a la investigación agotadora de los ensayos y recensiones en los periódicos de la época, hay pocas recopilaciones de reseñas que puedan ser empleadas como orientación hacia una actividad crítica que evidentemente fomentaba controversia entre los grupos implicados: los críticos interesados y los desinteresados, los que eran criticados y los que criticaban, los que disponían de un caudal de cultura y los de menos preparación estética, los que se veían como vanguardia, asistencia y reserva de la obra de arte, y los que solían estar en las filas de la retroguardia.[7] Existen cinco colecciones de recensiones que podrían ser utilizadas como una base de comparación para situar en los capítulos subsiguientes la crítica de Luis Gabaldón y los otros revisteros diarios de *ABC*: *Un año de teatro*, de Manuel Machado, publicado después de la temporada 1917–1918; *Las máscaras*, de Ramón Pérez de Ayala, la primera edición publicada en 1917;[8] *Apostillas a la escena*, de Enrique de Mesa, publicado póstumamente en 1929; *Artículos de crítica teatral*, de Enrique Díez-Canedo, publicado póstumamente en 1968, y constituido por reseñas escritas entre 1914 y 1936; *Desde mi butaca: Crítica de los estrenos teatrales del año 1917*, de Emilio Román Cortés (Madrid: Imprenta Artística Saez Hermanos, 1918).

Machado, Mesa y Díez-Canedo, en combinación con sus otras actividades literarias, laboraban como revisteros de la prensa diaria. Pérez de Ayala contribuía a los diarios, notablemente en *El Imparcial*, y también publicaba en la prensa semanal y mensual. Como lo explicó él, esos volúmenes consistían en "varios ensayos sobre crítica teatral, aparecidos aquí y acullá en publicaciones de naturaleza y orientación nada semejantes, con intersticios de tiempo, en alguna ocasión, de varios años" (*Obras completas* 3: 23). Pese a la naturaleza ocasional de sus contribuciones, conviene incluirle con los otros tres aquí citados, debido a las muchas similaridades entre ellos en cuanto a su manera de acercarse al oficio.[9] Todos se ocuparon mayormente de reseñar a los autores y las obras de la temporada, mientras que las demás colecciones de la época, salvo la de Román Cortés, estaban orientadas o al estudio de ciertas figuras, o a temas teatrales que son más sintéticos y de interés general.[10]

Román Cortés no se incluirá en este estudio por varias razones. En primer lugar, él se distinguía de los otros en cuanto a la perspectiva que podía aportar a su labor y respecto a su forma de publicar sus reseñas. Román Cortés no desempeñó la tarea de la crítica diaria u ocasional, ni aspiraba a ser revistero profesional. Publicó toda su crítica de una temporada de una vez, en forma de libro, sin haber compartido la perspectiva necesariamente fragmentada de los que publicaron sus reseñas sueltas. Además, era conocido en la época principalmente como novelista y declaró en el prólogo de su libro de crítica que se había dedicado a la crítica teatral motivado por su interés particular y no por móviles profesionales, como los otros. Pese a estas diferencias, en los fundamentos de su estética él estaba de acuerdo con los cuatro críticos que serán examinados aquí mientras que su reacción a la producción de dramaturgos específicos—la de Benavente y la de Muñoz Seca por ejemplo—lo sitúa entre Machado y Díez-Canedo. Si bien su inclusión aquí serviría para matizar todavía más las variaciones posibles en la postura crítica, no añadaría nada con respecto al establecimiento de posiciones primarias y por consiguiente su posición estética en adelante se considerará subsumida en la de los cuatro.

La tradición aristotélica

Díez-Canedo, Machado, Mesa y Pérez de Ayala estaban todos firmemente asentados en la tradición aristotélica. Así lo afirmó este último crítico cuando declaró que "sin duda el teatro moderno incluye sinnúmero de complicaciones que no pudo figurarse Aristóteles; pero en lo esencial, hay que atenerse siempre a las reglas aristotélicas. Nuestro teatro... es el teatro ático, enriquecido, pero no modificado" (1: 208).[11]

De acuerdo con la perspectiva moderna, el tratamiento de la tragedia es lo más fundamental en la estética aristotélica. La tragedia ha de evocar la vida, produciendo en el público el miedo y la compasión necesarios para lograr una catarsis purificadora. Los conflictos a base de pasiones e instintos, es decir rasgos del carácter más íntimo del ser humano, son los necesarios para producir la debida reacción en los espectadores. Nada más aristotélico entonces que la insistencia entre los cuatro críticos en la desnudez del alma apasionada como nudo del conflicto dramático. El "choque de pasiones" no sólo "determina el diálogo" sino que es "alma del arte dramático" según Díez-Canedo. (2: 175). Manuel Machado opinaba que "las eternas pasiones por móvil dan lugar a todos los dramas del mundo" (98), y Enrique de Mesa admiraba la obra donde "juegan las pasiones desnudas y

esquemáticas, sin accidentes que las diviertan de su combate". (244).
Para él, el drama era el ámbito donde los personajes podían "luchar y
chocar... conforme al desarrollo lógico de sus caracteres" (318) y el
diálogo idealmente era "el pellejo preciso de la palabra" que arropaba
el "esqueleto" de esa pasión desnuda (235). Así debía ser "el diálogo
teatral en que cada personaje vivo esgrime como un acero de combate
su razón específica en el conflicto de las pasiones" (43). Pérez de
Ayala admiraba la obra que abarcaba "en la vida del hombre todo
aquello en que la naturaleza física vence a la razón; lo flaco y claudi-
cante, el reinado oscuro y poderoso del instinto" (1: 30).

De la misma suerte que había mucha concordancia entre los
cuatro críticos en cuanto a los elementos esenciales de la obra dramática, también eran similares sus criterios en lo que atañía a cómo estos
elementos debían manifestarse. Para todos, la inclusión de la pasión
como esencia dramática exigía a su vez su encarnación en personajes
de humanidad e individualidad convincentes. Díez-Canedo requería
de los personajes que fueran "seres con vida propia;" (2: 79), "figuras
vistas por dentro, en la viva realidad de su íntimo ser" (4: 13). Manuel Machado opinaba que "la cima en el teatro está en crear personajes vivos, como los que rodeamos en la calle" (89). Enrique de
Mesa mantenía que los personajes debían vivir "de su sustancia propia" (303); Pérez de Ayala, pensando en el diálogo como manifestación del carácter, declaró que "la palabra... en el teatro genuino no
es sino vehículo del alma de un personaje concreto, de suerte que cada
persona o carácter debe hablar de un modo propio e inconfundible" (1:
139).

Una vez planteada la vitalidad de los personajes y el desenvolvimiento del conflicto a base del choque apasionado entre ellos, la
orientación aristotélica supone un desarrollo sobrio de estos elementos.
Aristóteles recomendaba su concepto de la unidad dramática afirmando
que "los varios incidentes se deben construir para que, si se altera o
anula cualquier parte, se disloque o se desarregle así la trama entera".[12] Definía la trama episódica, en cambio, como "una en la que
los episodios no están vinculados de una manera inevitable o

probable" (20).

Díez-Canedo, Mesa, Machado y Pérez de Ayala reafirmaban la estética aristotélica en sus consideraciones respecto de la trama dramática. Su insistencia en la acción a raíz de conflictos de carácter los llevaba a preferir el sobrio desarrollo de la trama, a rechazar el uso de intercalaciones episódicas, y a recelar de la obra de tesis que pareciera manipular a los personajes para un fin específico y preconcebido. Díez-Canedo alababa el drama donde "todo es acción, acción interna, movimiento y revelación de almas, acto por excelencia dramático" (2: 141). Enrique de Mesa requería idealmente que "la realidad no fuera una cosa anterior, externa y desligada de las personas de la fábula, sino que brotara clara, sencilla e indudablemente de la distinta condición psicológica de ellas en la pugna de sus instintos y de sus afectos" (199). Mesa añadió que el dramaturgo, ante sus personajes, no debía "establecer simpatías ni preferencias por ellos, sino... dejarlos libremente vivir, luchar y chocar en sus afectos y pasiones, conforme al desarrollo lógico de sus caracteres". (318). De hecho, tal vez indicando la influencia señera de Mesa, Manuel Machado le secundó, declarando que "dice un gran crítico que la verdadera misión de un autor dramático es la de crear sus personajes. No la de juzgarlos" y agregó que "los dramaturgos actuales, en cambio, y muy particularmente los nuestros españoles, se entretienen en juzgar a sus personajes... después de 'no crearlos'" (194). Para Pérez de Ayala, la acción idealmente era "intrínseca", y lo episódico, es decir, los episodios que sucedían "sin verosimilitud ni *necesidad*" (énfasis del autor, 1: 208) debían "ser escasos, imprescindibles y sobrios, so pena de anular la unidad de la obra dramática y suprimir el interés de la acción" (1: 149).

Los defectos señalados

Como los cuatro críticos aquí examinados tenían la reputación de ser exigentes en una época de abundante actividad teatral, lo que se podría llamar un teatro de consumo donde había una frenética producción de estrenos, certeramente se puede suponer que pocas serían las obras que cumplían adecuadamente con las normas aquí planteadas. Todos se quejaban de la ausencia de caracterizaciones convincentes y conflictos apasionados, sobria y lógicamente desarrollados. Enrique de Mesa caracterizaba el teatro de aquel entonces como "entreverado de dislates y ñoñeces, de torpe chabacanería o de árido o empalagoso sentimentalismo" (219). Díez-Canedo, en vez de encontrar personajes que fuesen "seres con vida propia" (2: 79), los hallaba como "insustanciales en su fondo" (1: 170). En lugar del "choque de pasiones" (2: 175), se presentaba un desarrollo "caprichoso y momentáneo" (1: 296). El diálogo, si no se basaba en el conflicto de pasiones, a menudo llegaba a ser un "aprovechamiento de toda frase... sin sobriedad ni selección" (2: 207). Este aprovechamiento, en la obra en verso, podía llegar hasta tener una "balumba de ripios que hieren y maltratan la piel como nube de mosquitos en noche de verano" (2: 77). Manuel Machado se quejaba de un teatro que servía para "esfumar, para mistificar, para desfigurar... ese fondo real y humano" (91). En ese teatro encontraba personajes "de cartón... de celuloide, que declaman sin naturalidad, usan de un lenguaje en completo desacuerdo con su vestido, actúan sin sentido común...". (129). Se lamentaba de la gran cantidad de obras, "exentas de vida, de acción, de pasión, de cuerpo y de alma [que] se convierten en una pura conversación" (194). Enrique de Mesa a su vez criticaba la "falta de carácter en los personajes" (59), y asimismo, el personaje que era "maniquí expeledor de retórica melodramática, o un resobado artilugio de guardarropía, mero transmisor de prolijos vaniloquios" (191–92). Pérez de Ayala censuraba la obra donde "no interesan los personajes por su alma, sino por su traje" porque "interiormente son almas indistintas" (1: 127). Para él, una obra "sin acción y sin pasión" era por ende una obra "sin motivación ni caracteres, y lo que es peor, sin realidad verdadera" (1: 138).

Donde faltaba el carácter de viva humanidad, faltaba también su manifestación en la acción interna, y la obra no llegaba a ser más que una manipulación de fantoches según los propósitos del autor. Era unánime entre los críticos aquí considerados la desaprobación de este resultado. Díez-Canedo reaccionó protestando "la extensión innecesaria de algunas escenas" (2: 207), y "la falta de coherencia escénica" (2: 175). Para Mesa, el uso de una "tesis preconcebida" en lugar del desarrollo de la acción intrínseca, "sin la prueba o la ejemplaridad del estricto caso humano o de la más alta, gustosa y refinada realidad artística, se frustra en su intención didáctica" (224). Machado señaló el mismo peligro de escribir un drama de tesis, en el cual "los personajes representan ideas o ideales y en que la realidad de las cosas, la verdad de los sentimientos, la exactitud del lenguaje, están sacrificados a una concepción puramente abstracta y predeterminada del fin moral del drama" (257). Pérez de Ayala protestó contra la práctica de "extremar un concepto y luego infundirlo en una individualidad de ficción" (1: 100), y sostenía que "el autor debe dejar a sus personajes que se muevan y obren por sí, sin mostrarse él mismo un instante" (2: 174). El concluyó que, en la ausencia de la acción intrínseca, "Lo que hoy llaman habilidad teatral estriba en ignorar la acción, concediendo valor intrínseco al episodio" (1: 149).

Así, pues, la semejanza de criterios llegaba a tal punto que aun en las observaciones críticas sobre las piezas mal hechas existían muchos paralelos. Todos buscaban idealmente un teatro de conflicto basado en el choque de pasiones e instintos, manifestado en personajes de carácter entrañable y humano, expresado en diálogo fiel a las diferencias de carácter y en acciones surgidas a raíz del conflicto. Lamentaban lo superficial, lo episódico, y la tesis preconcebida que parecía imponer acciones sin fundamento en el carácter humano. Este paralelismo se extendía también a la postura crítica ante la actuación y la escenificación.

Respecto de la actuación, todos reprobaban la tendencia a perder la naturalidad por medio de una declamación afectada, los excesos y la exageración, apropiados tal vez al lucimiento del actor, pero no a la sobria verosimilitud de la acción. Manuel Machado, en lo atañedero a la actuación, declaró que no obstante las buenas excepciones, "en general, sin embargo, yo me atrevería a aconsejar a casi todos los cómicos españoles un poco menos de entonación afectada" y añadió que "entre la conversación corriente de la vida real y su manera de hablar en las tablas hay la relación entre un sueño y una pesadilla" (69). Enrique de Mesa también protestaba contra la falta de naturalidad criticando el desdén del actor, del "lógico desarrollo psicológico de la figura que [uno] encarna" para atender "únicamente al punto que juzga capital y propicio para el lucimiento de su arte" (324). En la misma vena, Pérez de Ayala lamentaba "esa escuela común a actores y oradores, que confunde la pasión con el alarido, el gesto con la mueca, el ademán con la gran neurosis, el matiz con el salto de montaña rusa, que va del pianísimo inaudible al estampido de cañón" (1: 247) y concluyó que en general, el actor "deberá reducir la parte realista de la acción a una extrema sobriedad y encomendar la expresión del carácter a la voz, a modo de eco de un espíritu" (1: 253). Díez-Canedo recomendaba al actor que añadiera "a la buena voluntad", "el cuidadoso estudio, la interpretación fiel, la expresión exacta del pensamiento del autor..." sin "recurrir a los aspavientos" o al "movimiento excesivo" (1: 89). Alababa el "sobrio y certero sentido emocional" (1: 169), y se quejaba de la "desmedida afectación", y el "detestable gesto, al declamar y accionar" (1: 190).

En lo concerniente a la escenificación, los cuatro críticos se quejaban del convencionalismo excesivamente detallado y realista que no aprovechaba las posibilidades expresivas del marco escénico. Díez-Canedo sabía apreciar la innovación y la importancia de lo plástico para el conjunto artístico de la obra. Como ejemplo, en su comentario sobre la representación de *Mariana Pineda*, de García Lorca, por la compañía de Margarita Xirgu en noviembre de 1927, y con la colaboración de Salvador Dalí en las decoraciones, Díez-Canedo observó que

> los trajes y el decorado, de moderna estilización, contribuyen a la impresión total con eficacia elegante. Ya he dicho cuán esencial me parece la colaboración de Salvador Dalí en estas "estampas". Realizadas también sabiamente, como si se vieran con ojos infantiles—recuerdan al mismo tiempo a Picasso y las pinturas escolares de más jugosa espontaneidad—, guardan íntimo enlace con el espíritu del drama (4: 134).

Machado opinaba que "el arte de la escenología ha realizado en el extranjero grandes avances mientras que España demuestra un rutinario atraso escenográfico" (223). A Enrique de Mesa tampoco le agradaba la escenificación típica, la cual solía pecar por un exceso de realismo convencional: un "realismo tan irreal... que llega hasta pintar las sombras de las bordas y de las hojas de los árboles—sombras impertérritas, no obstante la carrera solar—en los muros y fachadas de las fingidas casas rurales" (286). Este convencionalismo también estaba muy lejos de la visión de la escena que concebía Pérez de Ayala. Para él, la gran obra dramática era "como un todo, en el cual se coordinan en cada momento la acción con el lugar en donde se desarrolla, el carácter con el pergenio físico del personaje, el diálogo con la actitud y la composición, la frase con el ademán, la voz con el gesto, en suma, el elemento espiritual con el elemento plástico" (1: 43). Elaboró esto observando que

> de la propia suerte que toda obra dramática debe ser, auditivamente, una sinfonía, debe ser, visualmente, una armonía de color. Tanto como cualquier otro factor, la manera de vestir y presentar una obra puede determinar su éxito, y, en todo caso, es imprescindible para su plena realización artística (1: 250).

Este concepto del elemento plástico, y de la plena realización artística, se relacionaba más con la actividad teatral de la vanguardia francesa que con la escena española, donde solían imperar en la escenificación el empresario y el primer actor o la primera actriz, y el *metteur en scène* por oficio casi no se conocía. Sí era conocido por críticos como Enrique Díez-Canedo, Manuel Machado y Enrique de Mesa, quienes evidentemente tenían a su alcance modelos más allá de la frontera española.

El idealismo artístico

Como resumen del fundamento común al criterio estético de los cuatro críticos bajo consideración podemos citar este aforismo de Pérez de

Ayala: "Los elementos esenciales de toda obra dramática son: realidad, caracteres, acción y pasión". (1: 112). Se ha precisado ya la índole de todos estos elementos menos el primero. La realidad como la concebían Díez-Canedo, Mesa, Machado y Pérez de Ayala respondía más a la mimesis aristotélica que a la acepción histórico-literaria asociada con el siglo XIX. La mimesis aristotélica suponía la imitación de la vida no como espejo fiel de la realidad callejera sino como creación estilizada según una estética artística. Así, las obras griegas incluían el uso de máscaras, coros y diálogo en verso. De la misma manera, la mimesis esbozada por Díez-Canedo, Mesa, Machado y Enrique de Mesa suponía una transformación artística de la realidad, capaz de producir una reacción estética en los espectadores. Por consiguiente, los cuatro críticos desaprobaban las obras que ellos veían como excesivamente realistas a la vez que ensalzaban las que les revelaban la originalidad artística y los propósitos creativos del autor.

Este idealismo artístico a menudo se definía en oposición al realismo decimonónico. Así es que, para Pérez de Ayala el teatro padecía precisamente de la aplicación errónea de una definición excesivamente estrecha del naturalismo, visto como la expresión cruda y directa de la realidad: "El problema del teatro contemporáneo, y más aun, del arte contemporáneo, estriba en concluir con el absurdo de lo que se llama naturalismo, mal llamado". Declaró que "la realidad artística es una realidad *sui generis*. Las obras de arte son reales o no lo son, viven o no viven, en virtud de un don peregrino de que está dotado el verdadero artista, el don de crear, que no porque se ajusten o aparten del modelo imitado" (1: 258). Según él, el "teatro naturalista..., por lo mismo que así se llama, es el menos naturalista, pues de todas las afectaciones la peor es la afectación de naturalidad" (1: 242). El resultado de la tendencia teatral naturalista era un teatro de "realidad cotidiana y usadera", donde el diálogo era "una plática atónica", los gestos "un repertorio de posturas indolentes" y los personajes, seres de "término medio, adocenados" (3: 614). Pérez de Ayala afirmaba que "no se puede pintar a los hombres tales cuales son, sino que el artista ha de crearlos a través de sí propio". Así "concebirá y encarnará sus *dramatis personae* con un carácter que revele la íntima verdad humana y no la vestidura experimental" (3: 617).

Díez-Canedo tenía observaciones muy semejantes respecto del idealismo artístico. Su realidad era la de "figuras vistas por dentro, en la viva realidad de su íntimo ser. Hondo, verdadero naturalismo que no se pierde en la fácil copia de lo externo, sino que revuelve la entraña" (4: 13). Manuel Machado tampoco se contentaba con un concepto simple de la obra realista, como se puede inferir de sus colaboraciones dramáticas con su hermano. Opinaba al respecto que la caracterización realmente "imborrable" estaría "llena de vida, de naturalidad y de poesía al mismo tiempo" (98). Su inclusión de lo poético apuntaba a una definición teatral que estribaba en la creación artística, no en la reproducción fiel de la realidad cotidiana.

Enrique de Mesa también reconocía el efecto redentor de la poesía en el proscenio, observando que aun cuando ella llegaba en "alientos breves, en ráfagas hileras… purga y mundifica los escenarios dañados de torpeza y chabacanería" (262). Escribiendo sobre la depurada intensidad de la tragedia *Fedra*, de Miguel de Unamuno, Mesa sostenía que "su realidad es superior. Juegan las pasiones desnudas y esquemáticas, sin accidentes que las diviertan de su combate". (244). Esta referencia a la depuración y la intensidad indica que para Mesa también, la realidad escénica era un mundo independiente de la copia exacta de la realidad externa.

De hecho, Mesa planteaba un concepto de la realidad dramática casi igual a la idea de la realidad *sui generis* propuesta por Pérez de Ayala. Enrique Manuel de Rivas apunta como fundamental a la visión crítica de Mesa la oposición entre "la realidad dramática" y "la falsificación constante" endémica al teatro de su día (Rivas 142–43). Mesa deseaba que la realidad dramática

> no fuera una cosa anterior, externa y desligada de las personas de la fábula, sino que brotara clara, sencilla e ineludiblemente de la distinta condición psicológica de ellas en la pugna de sus instintos y de sus afectos. No el drama impuesto a los personajes, sino el drama que los personajes imponen.[13]

Rivas nota que, para Mesa, ocurre una "falsificación constante" cuando

> las pretendidas personas dramáticas no se expresan en
> el lenguaje específico que corresponde a su condición
> individual, sino que hablan una jerga genérica entreve-
> rada de desabridos tópicos prosaicos y de almibarados
> y melifluos arrebatos líricos.

Aunque los críticos querían evitar un concepto demasiado literal del realismo, su insistencia en la vitalidad humana de las obras parece distanciarlos de la tendencia vanguardista de deshumanización, flore-ciente en la poesía y alguna novela—*Tirano Banderas* por ejemplo—y vigente justamente en los años estudiados aquí.   En cambio, como constará más adelante, los cuatro también querían apreciar la obra teatral según su logro artístico o en términos de los propósitos del autor, y esto los llevaría a aceptar obras innovadoras a pesar de su orientación primaria.   Esta sensibilidad se puede documentar en las reacciones a obras dramáticas de Valle-Inclán, notable deshumanizador de personajes.   Todos menos Machado, que no tuvo ocasión de con-siderar una obra de éste en la temporada recopilada en su libro, tenían una opinión muy favorable de la producción de este dramaturgo apenas representado en la época.   En lo que concierne a la escenogra-fía, también se nota el criterio avanzado en el rechazo de la represen-tación demasiado literal y la afirmación que los elementos plásticos debían ser utilizados sintéticamente   en la producción para lograr su plena realización.   De hecho, ninguno de los cuatro críticos estaba dispuesto a juzgar la obra teatral aplicando una estrecha definición de la realidad.   No obstante, y a pesar de los muchos preceptos estéticos compartidos entre ellos, había variación notable en sus reacciones a obras y a autores específicos.   Estas diferencias radicaban en parte en sus conceptos distintos de las obligaciones del revistero y también se relacionaban con su postura ante el público.

Los deberes del crítico: *Frente a Pedro Muñoz Seca*

Puestos a reflexionar sobre el oficio del crítico, los cuatro no siempre

se ponían de acuerdo en cuanto a su opinión sobre los requisitos míni-
mos de la obra que merecía siquiera un juicio crítico ni respecto del
rigor con que aplicaban sus criterios. Comparándolos, se puede califi-
car a Machado como el más tolerante, a Díez-Canedo como el más
templado y a los otros dos como más polémicos.[14]

Es evidente la indulgencia de Manuel Machado en sus muchas
reseñas de obras que no dejaban de tener defectos. Declaró: "lo que
profeso yo es un meliorismo decidido. Pienso que todo puede ser, y
creo en todo... y en algo más". Afirmaba que "todo trabajo positivo,
todo lo que es arte (poco o mucho), todo lo que es obra merece mi
respeto, cuando no mi estimación" (114). A esto añadió—posiblemente
pensando en la postura crítica de Díez-Canedo—que "aunque la crítica
signifique ante todo medida y tenga por bandera ecuanimidad, imparcialidad y tranquilidad, yo me siento inclinado al exceso por temperamento y simpatizo en ética y estética con la demasía" (117). Machado
aplicaba esta simpatía por el exceso al género bufo, una forma conocida por sus exageraciones cómicas. Opinó que "los hechos, aun los
mismos hechos delictivos, hay que juzgarlos por las intenciones" agre-
gando que "el que se propone hacernos reír y lo consigue ha realizado
una obra perfecta con arreglo a su propósito" (38). Al contemplar una
obra de Muñoz Seca, por ejemplo, Machado observó que este tipo de
obra "tiene por base el absurdo (y desde ese punto hay que mirarla),
mientras más absurdo, mejor" (266).

Enrique Díez-Canedo compartía con Manuel Machado el criterio
de juzgar la obra conforme a su propósito, pero aquél exigía también
la inclusión de cierta seriedad y el logro de intenciones, además de no
sentirse, como éste, "inclinado por naturaleza a la demasía". De
Díez-Canedo, observó Eduardo Marquina cuando se le pedía que
evaluara a los críticos españoles, que con él, "se llega a la tranquilidad
de conciencia del ecuánime que se sabe justo" (Barango-Solís 2/V/28,
3). Pero esta ecuanimidad no suponía la tolerancia incondicional de
autores como Muñoz Seca. Afirmó que cuando "los autores no se
proponen hacer obra seria, es decir, obra literaria, porque la literatura
es algo serio, tampoco, pues, la crítica tiene nada que hacer" (2: 245).

Sin embargo, tuvo que ocuparse de la producción muñozsequiana, y su censura era consistente. Fernández Gutiérrez nota la opinión desfavorable que Díez-Canedo tenía del conjunto de la obra de Muñoz Seca observando que "se ocupa en más de 30 artículos de [él]; en ellos defiende sistemáticamente su tesis de que el teatro de Muñoz Seca es un mal teatro" (168). Díez-Canedo resumió su crítica de los juguetes de este autor con la opinión que "ni las obras están bien construidas, ni las situaciones escalonadas, ni hay mesura en el uso de los vocablos; antes al contrario, el chiste, el diálogo y hasta los nombres de los personajes son bajos y de un gusto fácil y malo" (Citado por Fernández Gutiérrez 189).

Es probable, pues, que el meliorismo de Machado le resultara demasiado indulgente, ya que Díez-Canedo insistía en que a todo dramaturgo "hay que exigir algo más que buenas intenciones y propósitos levantados" (1: 296). En general, declaraba él, "procuro reconocer el propósito del autor, comprobar si lo ha realizado, distinguir su novedad o su interés, su fuerza o su eficacia, y responder, si me es posible, en tono adecuado" (1: 11). En otra ocasión, agregó: "Soy reputado más bien como crítico exigente, cuando, en realidad, no exijo otra cosa del autor [sino] que cumpla él lo que él mismo se ha propuesto cumplir, siempre que ello sea algo noble, elevado o entretenido" (*Tercer Congreso* 117). Díez-Canedo se quejaba de los excesos de tolerancia en la crítica, observando que "asombra, al leer la generalidad de nuestras revistas teatrales, lo fácil del elogio, lo exagerado del adjetivo... Bien está que se aprecie el talento y se alabe el esfuerzo; pero en los justos límites; por salirse de ellos pierde el crítico autoridad" (3: cubierta trasera).

Modestamente, Enrique de Mesa resumió la preparación general de su oficio como sigue: "Lectura de buenos modelos, nociones de estética dramática y un poco de sentido común" (150). Sin embargo, como se ha notado, su concepto del sentido común lo distanciaba a menudo de las reacciones generalmente sentidas por los espectadores. Eduardo Marquina contrastó la "voluntaria frialdad" de Díez-Canedo, con el procedimiento de Mesa, quien "suelta las válvulas de toda contención y hace una crítica personal, personalísima, temperamental y patológica a veces" (Barango-Solís 2/V/28, 3).

No puede negarse que Mesa tenía una reputación de llevar a la escena una crítica acerba sin par entre los revisteros de su época. Pero, pese a su exigencia, no se puede decir que Mesa se restringiese a una estética rigorosamente preconcebida e inflexible. Al respecto él declara: "Jamás, de nuestra parte, hemos repulsado una obra por arrebatada, nueva o rebelde; sí por convencional, vieja o chabacana" (339). En la línea de lo chabacano, Mesa, como Díez-Canedo, tenía una opinión bastante desfavorable del género bufo tan popular entre los madrileños de su época. Se refería a la producción de Muñoz Seca como la "lamentable vena... que corre aquí y acullá por todos los tabladillos de la farsa, contaminándolos de su morbo específico" (91). De allí, y en consideración de su conocido rigor, es evidente que Mesa, no obstante la modesta preparación crítica que él profesaba, no se inclinaba a la diversión fácil ni se contentaba con la risa si tal era el propósito levantado por el autor, sino que, como Díez-Canedo, él exigía seriedad y un elevado propósito artístico como ideales teatrales.

Pérez de Ayala, como Machado y Díez-Canedo, afirmaba la necesidad de apreciar la obra teatral según los propósitos del autor:

> La interpretación debe ajustarse ante todo a lo que el autor quiso llevar a cabo en su obra; a su intencionalidad literaria; en una palabra, al concepto artístico donde está inscrita la obra (como se concibió); y, dentro de él, si está logrado o no, si hinche su propio canon, o lo rebasa, o se queda exigua (O.C. Vol. III, 17).

Sin embargo, él tampoco se interesaba en tendencias teatrales sin trascendencia ni pretensiones artísticas. Como no era reseñador a diario, no estaba obligado a dar parte de todos los estrenos, y en sus tres volúmenes de reseñas su falta de interés en el teatro de Muñoz Seca, por ejemplo, está demostrada por la ausencia de reseña alguna sobre la producción de éste. Pérez de Ayala declaró que la finalidad de la serie de ensayos recopilados en *Las Máscaras* "no es otra que contribuir, siquiera sea en corta medida, a que el teatro se oriente en un sentido de mayor seriedad" (1: 26). En otra ocasión, prologando la cuarta edición de *Las Máscaras*, se refirió al "ejercicio polémico, que es actividad cotidiana en la república de las letras" donde para él, en la época de escribir sus reseñas, "la pasión, siquiera fuese noble pasión estética, compartía la soberanía con el discernimiento" (*Obras completas* 15). Esta actitud de polemista y promotor de mayor seriedad se traspasa a los ensayos de Pérez de Ayala y le llevó a rechazar la consideración estética de las comedias de retruécano asociadas con Muñoz Seca. Para Pérez de Ayala, estas comedias representaban la abdicación de la verdad porque no eran más que el cultivo de "la risa más plebeya y obtusa, la de origen fisiólógico con daño de la risa noble, de origen intelectual" (2: 192).

Ante Benavente y los espectadores

Su postura polémica en favor de mayor seriedad también le llevó a Pérez de Ayala a censurar severamente a Benavente y a criticar las deficiencias del público que adulaba su producción. Los críticos de la época, al definirse frente a Benavente, ganador del Premio Nobel de Literatura en 1922, se encaraban con la figura normativa de su actualidad teatral, y esto a su vez les llevaba a reflexionar sobre el público teatral que mantenía a Benavente en tal posición.[15] Por consiguiente, el estudio de su reacción a la obra benaventina como representativa del teatro serio, junto con sus opiniones del teatro de Muñoz Seca, ayuda a fijar las normas de su crítica respectiva.

Tres de los cuatro atribuían cualidades desfavorables a la obra benaventina, y mostraban su desaprobación del público que ensalzaba tal producción, contribuyendo así a su propia desvirtualización estética. Con respecto al teatro en general, y a los imitadores del estilo benaventino, todos censuraban la falta de sobriedad y la incorporación de episodios innecesarios en el desarrollo, la palabrería y la falta de variación del registro verbal en el diálogo y la creación así de personajes huecos, de una humanidad que no convencía.

Manuel Machado se distanciaba de los otros en su consideración de Benavente. Para Machado, la producción benaventina era "lo único serio, lo único grande y considerable que tenemos hoy en el teatro" (82). Admiraba la sagacidad psicológica latente en ella, así como su naturalidad y realismo. Reaccionando a la reposición de *Gente conocida* observó que "Todo ello es un trozo de vida, de nuestra vida española y madrileña, escogido con la perspicacia del más profundo psicólogo y destacado con la gracia y la maestría del artista privilegiado, del dramaturgo único" (82). Encontraba en la obra de Benavente el elemento esencial al drama logrado, es decir, la pasión encarnada en personajes convincentes y así alabó *El mal que nos hacen* como "una obra de caracteres y de pasiones, hondamente humana, en la que las palabras están llenas de sentimiento y de vida" (204). Machado veía en Benavente a uno de los pocos que podían orientar al público teatral hacia el buen camino y por lo tanto reaccionó con indignación ante la crítica severa que Pérez de Ayala dirigía a éste, adjuntando a su reseña de *El mal que nos hacen* una epístola dirigida a Pérez de Ayala en la que le acusó de una falta de mesura que lindaba, en términos de la ética crítica, en lo inmoral. Asimismo, después de recibir la respuesta ayaliana desde las páginas de *El Imparcial*,[16] Machado reiteró que

> el ataque virulento, acre, sañoso, lanzado en una ligera crónica, desde un gran rotativo, de público universal, contra uno de nuestros más altos prestigios literarios (¡y nos sobran tan pocos!), no es proporcionado, no es oportuno, no es "bueno" y, sobre todo, no es justo (212).

Su admiración de la obra benaventina no obstante, Machado sí estaba de acuerdo con los otros no sólo en su estética fundamental sino en su percepción de los defectos del teatro de su época. Tenía a Benavente por la excepción, como queda patente en la pregunta que le hizo a Pérez de Ayala en la carta referida: "Si Benavente sobresale en su manera de ver el arte, ¿impide a los demás alcanzar la altura por otros derroteros?" (207). Por otra parte, Machado censuraba a los imitadores del estilo benaventino en términos similares a los que Pérez de Ayala, Mesa y Díez-Canedo empleaban para criticar a Benavente mismo. Así, la norma teatral de la época le parecía a Machado manifestarse en una tendencia nefasta que producía obras donde "en vez de grandes hechos que desnudan las almas, abunda la pura conversación que las disimula y las oculta" (267), y en esto los muchos secuaces de Benavente imitaban "sin discernimiento a nuestro gran dramaturgo único en lo que éste puede tener a su alcance" (268). Resumiendo la necesidad de la acción en combinación con las almas desnudas, Machado sostenía que "la humanidad está cansada de palabras" (192), y el teatro "está exangüe y exánime a fuerza de hablar y de no 'hacer nada'" (193). Finalmente, a pesar de su meliorismo y lo que Eduardo Marquina caracterizó como su tendencia a remediar "las condiciones en que se le obliga a intervenir", "ladeando el juicio" (Barango-Solís 2/V/28, 3), él no se resistió a la tentación de achacar a los espectadores algo de la responsabilidad de las malas condiciones teatrales, comentando que en su época el público era "una cosa lamentable" (197).

Para Pérez de Ayala, la producción benaventina representaba la antítesis de la obra dramática basada en la realidad, los caracteres, la acción y la pasión. Hemos notado que, lejos de admirar la naturalidad, la verdad y el realismo como los que Machado señaló positivamente respecto de *Gente conocida* (82), Pérez de Ayala tenía otro concepto de la realidad; uno que radicaba en el idealismo artístico y la realización de las posibilidades escénicas, así como en lo que Jesús Rubio Jiménez resume como la expresión de "los grandes problemas humanos, ya sea de una manera genérica o el alma de un pueblo, su personalidad" ("Entre Momo y Talía" 51). Asimismo, Rubio Jiménez señala que el reparo principal que Pérez de Ayala hacía al teatro benaventino estribaba en su rechazo del teatro naturalista, observando que "Es evidente que, tanto si se consideran las ideas generales de Pérez de Ayala como si se hace de su aplicación al juzgar el teatro español, existe una casi obsesiva—por reiterada—fijación en desacreditar el naturalismo y sus derivaciones" (Ibid. 37).

Más tarde en su vida, Pérez de Ayala iba a templar su postura ante Benavente, actitud evidente en el prólogo que escribió a la edición de *Las máscaras* de 1940, en el que reacciona de una manera que Alfredo de La Guardia caracteriza como una rectificación tan excesiva como lo era su crítica anterior (234). Allí, Pérez de Ayala, además de afirmar que Benavente no era sólo "el autor de algunas obras excelentes, sino de una dramaturgia, todo un teatro, que en su totalidad resiste con creces de su lado muchas veces, el cotejo con lo mejor de lo antiguo y de lo contemporáneo" (citado por La Guardia 234), declaró que, vistos desde la distancia de veinte años, él descubre en los ensayos de *Las máscaras* "demasiada preocupación, o por lo menos demasiadamente explícita, por el concepto; lo que debe ser, en absoluto, el teatro" (O.C. Vol III, 17). Pese a esta modificación diacrónica de su postura, en la sincronía del momento, las críticas que Pérez de Ayala les hacía a las obras benaventinas eran repetidas, llevándole a considerar la producción de Benavente en general como un "valor negativo" en el teatro español (O.C. Vol. III, 107). Por lo tanto, respondió a la reprobación de sus críticas de Benavente que Machado le dirigió desde las páginas de *El Liberal* reafirmando su derecho a la independencia de juicio, incluso si estaba equivocado. Afirmaba que "Incurrir en errores o equivocaciones… no es hacerse reo de inmoralidad crítica" y que "no puede haber otra moralidad crítica que la sinceridad; suponiendo desde luego que quien ejerce la crítica es persona suficientemente preparada, reflexiva y honrada en su conducta" (O.C. Vol. III, 467).[17]

La postura crítica de Pérez de Ayala no le impedía reconocer las que él consideraba ser las aptitudes de Benavente. Declaró que jamás había "puesto en duda las peregrinas dotes naturales del señor Benavente—eso fuera obcecación o sandez—: talento nada común, agudeza inagotable, fluencia y elegancia de lenguaje, repertorio de artificios retóricos y escénicos" (O.C. Vol. III, 106). Pero estos no le parecían componer la buena obra. Acusaba a Benavente de escribir teatro "en el concepto, justamente… antiteatral, lo opuesto al arte dramático" (O.C. Vol. III, 107). Era un teatro "de términos medios, sin acción, y sin pasión, y por ende, sin motivación ni caracteres, y lo que es peor, sin realidad verdadera" (1: 138). La falta de diferenciación respecto del carácter de los personajes suponía un diálogo también monodimensional. Así Pérez de Ayala criticaba el lenguaje en *El mal que nos hacen*, opinando que era "un flujo amorfo, impersonal y antidramático. Y es que si se truecan la mayor parte de los parlamentos de uno a otro personaje, los espectadores no echarán de ver la trasmutación, ni la obra perderá nada" (O.C. Vol. III, 108). Resumió su juicio de la obra benaventina señalando la ausencia en ella de la pasión y la sobriedad aristotélicas así como de la plena realización de las posiblilidades escénicas: "En sustancia, el reparo que he puesto a la dramaturgia del señor Benavente (como a gran parte de las dramaturgias modernas: francesa e italiana) se reduce a eso: que la mayoría de sus obras son episódicas, estiradas, orales" (1: 209).

Si las obras de Benavente satisfacían a sus espectadores, esto se podía atribuir, según Pérez de Ayala, a la "deficiencia o incapacidad estética del público español" (1: 111). Esta incapacidad derivaba de "un sentimiento raíz, que difícilmente se hallará tan afirmado en ningún otro pueblo ni en ningún otro tiempo: el miedo a la verdad" (2: 191). Este miedo producía consecuencias funestas, porque "como la función de patentizar la verdad corresponde a la inteligencia, España, que había comenzado por abdicar de la inteligencia, ha concluido por odiarla". Por consiguiente, según Pérez de Ayala,

> el público teatral español pide a sus autores que satisfagan en alguna medida aquellas dos condiciones; primera rehuir y rodear, con episodios y expedientes dilatorios, la emisión sincera y rotunda de la verdad...; segunda, respetar la abdicación que de su inteligencia ha hecho el público y darle gusto (2: 192).

Y se le daba gusto, no sólo con las obras modeladas al estilo benaventino, sino también con el género bufo, de diversión fácil, encarnado por Muñoz Seca y desaprobado por Pérez de Ayala.

El juicio de Enrique de Mesa sobre el teatro de Benavente era casi idéntico al de Pérez de Ayala. El artilugio, la retórica y la falsedad eran cualidades que Mesa, así como Pérez de Ayala, censuraba en la obra benaventina. También los dos criticaban a los espectadores que aplaudían el teatro de éste como un triunfo del teatro de la época. Enrique de Mesa y Pérez de Ayala creían que este teatro se alejaba de las normas aristotélicas de la representación de hondos conflictos desarrollados con sobriedad. En lugar de esto veían en la obra benaventina, un naturalismo que ignoraba las posibilidades de la realización escénica, un énfasis excesivo en el diálogo y en la retórica y un convenio ideológico que no desafiaba la fácil autocomplacencia del público burgués. Mesa caracterizaba el teatro de Benavente como "bien provisto de temas morales, cargado de prolija y perfilada retórica, y por ello asequible a nuestra mayoría burguesa" (32). El autor era "ingenioso, gracioso, satírico, conferenciante y predicador" pero "no fue ungido del *pathos* dramático que destila la cañaheja prodigiosa del hada madrina de Shakespeare y de Lope" (Ibid.). Rivas apunta una evaluación de Benavente por parte de Mesa que es muy semejante a la de Pérez de Ayala. Como éste, Mesa elogió varios aspectos del talento de Benavente al mismo tiempo que contrastaba sus defectos como dramaturgo. Afirmaba el crítico que al nacimiento del dramaturgo "asistieron, sin duda, las hadas más selectas... Pero el hada del Teatro no se dignó comparecer" (Mesa 31, citado por Rivas 143).

Para Mesa, el teatro de su época, protagonizado especialmente por el de Benavente, era un teatro "enfermo de conversación" (195), que se alejaba de la acción intrínseca, y la sobriedad humana y patética. Se refería a la moralidad y a la retórica asequibles a la burguesía, y no era la única vez que Mesa se distanciaba de la estética del público burgués y benaventino, reaccionando contra su egoismo y fácil autocomplacencia. Mesa aludió en una ocasión al "pájaro egoista que perdurablemente anida en el corazón burgués" que hacía que los espectadores celebraran "con fervorosos aplausos las parrafadas" de una comedia, y que gustasen "sobremanera del artilugio y falsedad de sus escenas" (143). Para Mesa, éste era un público "bobalicón y sencillo en demasía" que se dejaba "seducir por el espejuelo de la frase" (140). El resultado de esta seducción era que se ponían "todos tan contentos: el autor y el público, que se deja soñolear de la mentira espejeante y desdeña la tajada de la verdad" (164).

Enrique Díez-Canedo, situándose entre lo que para él eran los justos límites de la crítica bien hecha, no solía manifestarse en términos tan fuertes. Entre los polos de la crítica acerba y la admiración incondicional, como lo nota Fernández Gutiérrez, Díez-Canedo huía "de los extremos... e intentaba señalar lo bueno y lo malo del teatro de Benavente" (151). El equilibrio de Díez-Canedo se manifestaba en la combinación de su admiración por el "arte y la gracia del diálogo que busca la flexibilidad del habla viva huyendo de lo convenido en las antiguas obras teatrales" a la vez que nota la falta de atención dada a "la construcción de la acción dramática" (citado por Fernández Gutiérrez 151). Como a Pérez de Ayala y a Mesa, el énfasis benaventino en el diálogo a costa del carácter y de la acción no le parecía esencialmente dramático. De la misma forma que Pérez de Ayala señalaba la falta de diferenciación del diálogo entre los personajes, Díez-Canedo le criticaba a Benavente la tendencia a escribir obras en que "los personajes sólo dicen frases ingeniosas, como si todos concurrieran a poner de manifiesto el ingenio del autor, libres de toda preocupación dramática"... obras donde "los personajes a los pocos rasgos, se esfuman" (1: 120). Incluso llegó al extremo de profesar, reaccionando al estreno de *Más allá de la muerte*, que la obra "nos muestra un autor dramático en punto de disolución" (1: 114).

Tampoco le parecían a Díez-Canedo muy halagüeñas las predilecciones de los espectadores, en comparación con sus propios modelos estéticos. Observó que "un público como el nuestro... sólo busca un par de horas de diversión" (3: 228). Era un público a que le gustaba tanto la farsa bufa que "la ha elevado de rango y la prefiere al arte". Refiriéndose al papel del crítico como predicador de un teatro mejor, opinaba respecto del gusto por lo jocoso que "como no venga el cansancio por el abuso, la reeducación de nuestro público ha de ser trabajosa" (2: 245).

Conclusiones

Las condiciones del oficio de revistero eran un desafío para el crítico escrupuloso. Se tenía que escribir un juicio rápido, a menudo a una hora tardía, sobre una obra que representaba el fruto de mucho esfuerzo, así del autor como de los actores y el empresario. El crítico independiente había de mantenerse libre de las coacciones de los partidos interesados en la actividad teatral y además tenía que reaccionar a veces a la innovación, siempre un deber difícil para los que suelen hacer sus evaluaciones de acuerdo con los antecedentes artísticos. Sin embargo, los que tenían la preparación suficiente y aportaban un caudal de cultura a su labor podían corresponder a sus obligaciones y el público interesado en el jucio informado siempre sabía, como lo notó Díez-Canedo, "donde ha de hallar una opinión sincera y una crítica independiente" (*Tercer Congreso* 116).

Entre los críticos ejemplares, había una gama de reacciones a raíz de sus reseñas particulares. Es evidente, comparando a los cuatro aquí considerados, que Machado era el más indulgente, Díez-Canedo era más conocido por su templanza y justicia, y Mesa y Pérez de Ayala más conocidos por la severidad de sus juicios. Pero pese a sus diferencias, tenían en común los fundamentos de su estética teatral. Favorecían la tradición ática, enfatizando los cuatro elementos destacados por Pérez de Ayala: "realidad, caracteres, acción y pasión", entendiendo por realidad un idealismo artístico que radicaba en la calidad humana de la obra, pero que tampoco les impedía mantenerse sensibles a la innovación teatral. Los cuatro también destinaron su crítica, en términos pedagógicos, al mejoramiento de los gustos del público. Machado negó cualquier pretensión que no fuese la de "memorándum de los principales acontecimientos artísticos de la temporada, útil y grato a los aficionados" (Prólogo), pero el hecho mismo de recopilar un libro de crítica así tenía implicaciones para la utilidad y aprovechamiento del público a un nivel más formal que el de la lectura diaria de las reseñas. Con respecto a Enrique de Mesa, su rechazo consistente de cualquier complicidad con los espectadores, a favor de la aplicación de la clara luz de su conciencia crítica a pesar de la enajenación que esto le producía, también indicaba su deseo de mantener su autoridad ante la reacción del público para él frecuentemente defectuosa. Díez-Canedo mantenía que sus reseñas eran "sin aires de crítica" (1: 179), pero su modestia no obstante, confesó también que el crítico ha de ser "aliado incondicional del público... exigiendo de empresas, autores y cómicos el sumo esfuerzo y el sumo arte" y asimismo, él "ha de señalar claramente los errores que el público puede cometer" (3: cubierta trasera). Por su parte, Pérez de Ayala declaró su intención de procurar también mayor seriedad en el teatro por medio de sus ensayos. Creía que el papel del crítico era didáctico y que debía orientar al público hacia las obras literaria y artísticamente logradas:

> La misión del crítico es contribuir a acercar al espectador las grandes creaciones dramáticas, cuando la capacidad crítica de éste no sea suficiente o se halla embotada por sus prejuicios. Debe tender puentes entre la obra de arte y el espectador, pero sin autosuficiencia, con sencillez y discerniendo (Citado por Rubio Jiménez, "Entre Momo y Talía" 50).

Finalmente, en lo que atañe a los espectadores, los cuatro estaban de acuerdo en que, en efecto, hacían falta las lecciones de la buena crítica para mejorar su estado lamentable. Los cuatro cumplieron, en suma, con las expectaciones ideales que Marquina y Pedroso plantearon para la crítica: las de ser "asistencia y reserva de la obra de arte" (Pedroso 2/VIII/24: 5). En cuanto a la otra vertiente señalada por Pedroso, la de ser vanguardia para la obra artística, los cuatro presentaron una gama de reacciones. Pérez de Ayala y Enrique de Mesa eran los más polémicos en su afirmación de su concepto del teatro. Díez-Canedo era más ecuánime aunque también rechazaba la obra sin pretensiones artísticas. Manuel Machado era el más acomodaticio entre ellos en la aplicación de su criterio de juzgar la obra conforme a los propósitos del autor, incluso cuando éste no proponía hacer más que fomentar la eutrapelia. No obstante, él también sabía apreciar el teatro de aspiraciones artísticas y literarias, aportando a sus reseñas, como los otros, una estética teatral fundamentalmente aristotélica.

CAPITULO II

LAS RESEÑAS DIARIAS EN *ABC*: 1918–1936

La sección teatral

Las reseñas teatrales formaban una sección propia, titulada "Espectáculos, Teatros, Conciertos, Circos" hasta el año 1930. A partir de esa fecha, probablemente para mejor responder a la evolución de las oportunidades de recreo, o para demostrar el mayor alcance de la crítica, se cambió el nombre de la sección a "Teatros, Cinematógrafos y Conciertos en España y en el Extranjero". Solía aparecer después de las secciones dedicadas a las noticias y a los artículos editoriales, poco antes de la última sección, dada a los anuncios. A menudo llevaba fotografías o dibujos—éstos mayormente por el caricaturista Ugalde—y solía comenzar con las recensiones de estrenos. Generalmente había una o dos reseñas, aunque en ciertas ocasiones—al comienzo de la temporada, en navidades y tras el Sábado de Gloria—se publicaban más, respondiendo al aumento de la actividad teatral. A continuación de las recensiones aparecían las gacetillas y luego la cartelera madrileña. El conjunto solía constituir dos planas, ocupando cada reseña entre media columna y dos columnas.

Los colaboradores en la crítica teatral diaria eran: Angel María Castel ("A.M.C."), "C" (reseñas de la ópera, los dos); "X"; Luis Calvo; R. Ortega Lisson; J. M. Mata; José Dosa; "JAA"; Rodenas; "SAM";

Antonio G. Cavada; Alfredo Carmona; y Luis Gabaldón. Entre todos, los dos últimos nombrados eran los más importantes, siendo Gabaldón, que firmaba sus reseñas con el seudónimo "Floridor" o "F", el crítico principal del periódico. Entre 1918 y 1926 él era el autor de todas las recensiones firmadas. Entre 1927 y 1936 Gabaldón firmó el 61% de las reseñas mientras que Alfredo Carmona, que empezó a colaborar con frecuencia a partir de 1932, era el autor del 73% de las recensiones no escritas por Gabaldón entre aquel año y 1936.[1]

No siempre era evidente quién había escrito las recensiones y tampoco quedaba clara a veces la distinción entre las gacetillas y las reseñas sumarias. Aquéllas eran los elogios de las obras pagados por las empresas y venían como párrafos que alababan la obra, su representación y su recepción pública, generalmente en términos hiperbólicos. Mientras que Gabaldón empleaba la inicial "F" o el seudónimo "Floridor" como firma de algunas de sus reseñas, creo que también contribuía otras anónimas. A veces a una recensión anónima seguía otra firmada, haciendo pensar que el mismo autor había escrito las dos. Cuando una reseña anónima aparecía después de la primera firmada solía ser un juicio más sumario y abreviado, sugiriendo así o que Gabaldón se valía de algún colaborador para las recensiones que él consideraba menos importantes—seguramente la dificultad de presenciar varios estrenos en la misma tarde presta alguna autoridad a esta suposición—o que Gabaldón no quería firmar textos que le parecían sin importancia.[2]

Una recensión modelo

Dadas las condiciones profesionales del revistero referidas en el primer capítulo, no sorprende que haya una distinción entre la reseña firmada y la anónima. La labor de enjuiciar unos 200 estrenos cada temporada confería un carácter fragmentario a las reseñas, mientras que la urgencia, el trabajo repetido, y la hora tardía de redacción las inclinaba hacia lo formulaico. La reseña de fórmula que salía en *ABC* tenía varios elementos que solían adaptarse a las circunstancias particulares del momento. Generalmente la recensión sumaria procuraba informar al lector, identificando el género de la obra y relatando algo acerca de su argumento, a menudo el nudo del conflicto dramático. Luego si había algún personaje cuyo carácter era de interés particular, éste se comentaba, seguido de una breve evaluación de cómo los actores principales desempeñaban sus papeles. Normalmente la reacción del público figuraba en la reseña: cuántas llamadas del autor al proscenio; cuántos números repetidos; qué nivel de entusiasmo, o de desaprobación, si venía al caso, en la forma de chifles, pataleos, gritos, etc. La reseña breve solía terminar con una mención sumaria de la actuación de la compañía en conjunto y, a veces, alguna breve referencia a la puesta en escena. A continuación reproducimos entera una reseña representativa del esfuerzo mínimo y formulaico en el reportaje de un estreno:

Amo a una actriz

La compañía de Enrique de Rosas estrenó anoche en la Zarzuela, con aquel título, una comedia cómica, de corte afrancesado, escrita por el autor húngaro Ladislao Fodor.

Constituye el núcleo de la comedia los amores de Jorge, un muchacho ingeniero, con Eva, famosa actriz. El es pobre, mas su audacia simpática y su irresistible atractivo ganan bien pronto la voluntad de la comedianta, inclinándola a la gustosa aventura. Un rival, y un rival difícil de vencer, estorba la realización de los planes amatorios del joven ingeniero. El rival es un millonario, enamorado de la actriz. Para suplantarle y burlarle, Jorge pone en juego las más ingeniosas y divertidas tretas, hasta conseguir su propósito. Eva, al fin, interesándose por aquel amor, renuncia al teatro y se casa con Jorge.

La comedia, que se desarrolla en el mundo de los bastidores, abunda en las más hilarantes incidencias, que el público acogió con sonoras carcajadas. Enrique de Rosas, que en la noche anterior lograra un resonante triunfo interpretando *Todo un hombre*, está graciosísimo en la comedia estrenada ayer. El público rió con alborozado regocijo, prodigando sus aplausos al

gran actor y traductor de la comedia *Amo a una actriz*.
La señora Rivera, en el papel de Eva, ayudó eficaz-
mente al buen éxito que alcanzó la jocunda obra.—F.
(8/III/29, 43)

Como las recensiones sumarias y a menudo anónimas aparecían
justamente antes de las gacetillas, a veces había poca diferencia entre
una reseña breve, favorable en su descripción de la obra, actuación y
recepción pública, y una gacetilla pagada que hacía lo mismo.

Por otra parte, las reseñas en *ABC* no siempre se limitaban a lo
sumario, y en muchas de las firmadas y algunas de las anónimas
aparecían comentarios sobre diversos aspectos del espectáculo, del texto
literario y artístico y de la relación entre el teatro y la sociedad.
Pasemos a considerar la estética teatral de las reseñas teatrales en *ABC*.

Expectativas genéricas

Los críticos tenían que responder a una gran diversidad de géneros y
subgéneros para hacer sus juicios sobre los estrenos. Las clasificaciones
de las obras eran arbitrarias, y no se puede saber a base de las reseñas
si venían del autor o del revistero, y además, algunos de los términos
usados parecían bastante imprecisos en cuanto a su definición.[3] Los
revisteros aportaban a esta obligación profesional una estética arraigada
en la tradición aristotélico-occidental. Es decir, arrancaba de dos cualidades primarias, el mimetismo y el efecto emocional de la representación. Según una reseña en *ABC*, las formas tradicionales eran "diálogo y acción lo más cercano a la realidad de la vida... teatro de
interés y de anécdota, no teatro de ideas ni lucubraciones; teatro de
pasión y de drama".[4] Los personajes, y el interés en ellos manifestado
en las reseñas tenían su base en el principio de la verosimilitud; se
valoraba la posibilidad de representar algún aspecto de la condición
humana para conmover a los espectadores.

La crítica teatral en *ABC* manifestaba una jerarquía de valores
aristotélicos. El drama—y la tragedia—seguidos de la alta comedia,
eran las formas privilegiadas. Las piezas 'menores'—la farsa cómica, la

comedia burlesca, las modalidades líricas (salvo la ópera que respondía a valores distintos), el género chico, el melodrama, etc.—ocupaban un rango estético inferior. Pero, si las modalidades 'altas' se veían como estéticamente superiores, no eran más numerosas. Estas modalidades se asociaban con un público reducido formado de elementos de la alta burguesía y de los intelectuales mientras que los géneros menores se asociaban con la clase media y, en algunos casos que expondremos más adelante, con la clase obrera.[5]

En vista de que la mayoría de las obras no correspondían a los géneros preferidos por los críticos, éstos respondían a su obligación profesional acercándose a las piezas con un criterio genérico. Los géneros formaban una especie de contrato entre los espectadores y la obra. De acuerdo con el género, los espectadores sabían más o menos lo que podían esperar, si bien uno podía confundirse a causa de la ambigüedad y la arbitrariedad de las categorías. El crítico, como guía, tenía la responsablidad de evitar esta posible confusión, y gran parte de la labor diaria del revistero consistía en evaluar las piezas según las convenciones genéricas. Estas formaban parte del código de la época, y por lo tanto, el estudio de las prescripciones genéricas de los críticos pone de relieve las expectativas no sólo de éstos sino también del público. Examinaremos, pues, los rasgos genéricos señalados en la crítica, y la reacción estética de la crítica ante ellos. Comenzaremos por las formas numérica e ideológicamente más populares, pasando luego al estudio de las modalidades privilegiadas. Las categorías principales que examinaremos son: la farsa cómica, la revista, el sainete, la zarzuela; el melodrama; la alta comedia; el drama.

La farsa cómica

Las categorías principales de esta modalidad eran la comedia cómica, la comedia de enredo, la farsa cómica, el juguete cómico, el astracán y el vodevil. Todos dependían en buena parte de la trama urdida con ingenio, del uso de tipos de perfil caricaturesco y de los chistes verbales, y para todos la respuesta típica de la crítica era la reseña mínima: identificación del género o sub-género; esbozo del argumento; la reacción de los espectadores; a veces una evaluación de la actuación.[6]

En general la farsa cómica no merecía un juicio de valor literario, sino que se medía según sus propósitos. Puesto que su finalidad principal era la de hacer reír al público, el revistero solía limitarse a constatar la presencia o la falta del éxito. Gabaldón observó respecto de la farsa: "como en estos casos hay que dejar el escalpelo en el guardarropa, nos inhibimos de todo comentario, y nos limitamos simplemente a dar cuenta del feliz y jocundo éxito" (23/X/26, 37). Vista así, apenas importaba la originalidad de una farsa cómica mientras lograra la jocosidad buscada. Cuando se estrenó *Los trucos*, de Muñoz Seca, Gabaldón hizo resaltar así la primacía de la risa sobre otras consideraciones:

> No importa que la nueva producción de Muñoz Seca
> revele más o menos directamente su contacto con otras
> de índole parecida; lo importante es que por obra y
> gracia del diálogo, caño abierto de chistes, ocurrencias
> y "trucos" con y sin retruécanos, legítimos, arbitrarios,
> de buena y mala ley, fáciles o colocadas a tenazón;
> por la abundancia de sus situaciones, ya cómicas, ya
> grotescas, y por cuanto hay en la farsa de divertido, el
> auditorio, y nosotros con él, nos sentimos en pleno
> regocijo pascual (19/XII/25, 29).

Las protestas contra la farsa cómica como una tendencia artística eran escasas. Sin embargo, este elogio de Gabaldón no era la única posición adoptada en las reseñas en *ABC*, aun por su crítico principal. En otra ocasión "Floridor" resaltó irónicamente el alcance limitado de este género de diversión:

> el público ha pasado la noche, los autores han salido a
> escena a conclusión de los actos y, finalmente, se ha
> conseguido lo que se pretendía sin ningún propósito
> trascendental: sencillamente entretener a los espectado-
> res, contribuyendo a su fácil y agradable digestión
> (1/XII/26, 34).

En otras reseñas se censuraba el énfasis dado al diálogo repleto de chistes y juegos verbales en los astracanes. Carmona se refería al retruécano como "chiste verbal carente de contenido ideológico y que se basa en el sonido de las palabras y no en su significado". Celebraba la ausencia de este tipo de chiste en una comedia donde, al contrario, el chiste en el diálogo "se atañe siempre al pensamiento, envuelve un sentido filosófico tendente a la jovialidad" (23/XII/34, 51). Asimismo, Ricardo Mazo oponía a los astracanes el valor de una comedia que "tenía el mérito de limpieza y corrección, tanto en los órdenes oral como literario con que se ha escrito el ensayo, sin frases de mal gusto en que suelen caer otros noveles por ese afán al que pocos escapan, de hacer 'astracán' y chistes, creyendo así ajustarse mejor al ambiente de la época" (5/IV/36, 63). Una reseña anónima, del año 29, se refería a la falta de sustancia del astracán, apuntando que era un "género que no ha encontrado aun cabida en la Retórica, y que, por lo visto, consiste en una pirueta de chistes y retruécanos sobre el vacío" (23/XI/29, 35). Subrayando esta carencia de fundamento, otra reseña anónima opinaba que en "estas obras, en las que el autor sólo persigue el regocijo del público, la misma gracia quita importancia a la obra" (10/IV/20, 23).

En las raras ocasiones cuando censuraron la farsa cómica como una tendencia, los críticos de *ABC* se distanciaron de las preferencias del público. Para Carmona, el género astracanesco equivalía al repertorio de Muñoz Seca, lo mismo que lo hacía para Araquistáin.[7] Lo denominaba "muñozsequismo", y lo caracterizaba como un "error" artístico (13/II/35, 45). En otra ocasión opinó: "Indudablemente... el 'astrakán' y el retruécano hacen más estragos en el gusto del público del que suponíamos", notando que la reposición de una comedia de verdadero mérito y "felicísima recordación" habría tenido éxito "si no estuvieran muchos de [los espectadores] intoxicados con ese chiste con reflejos en el estómago que ha llenado de carcajadas histéricas las salas de nuestros teatros" (11/VII/34, 41). Pero las censuras formaban la excepción a la práctica normal, y si los críticos se alejaban de la reseña sumaria, por regla general no era para expresar su desaprobación sino para indicar las características genéricas de la obra. Esta recensión de *El entierro de Zafra*, de Joaquín Abati y José Lucio, resume bien los elementos apreciados:

> es... de una comicidad caricaturesca, de trama em-
> barullada, de acontecimientos desquiciados, zurcidos
> con magistral habilidad por un diálogo gracioso que
> arranca francas carcajadas al auditorio con sus alu-
> siones oportunas a personas o cosas de actualidad, con
> frases perfectamente acopladas a la situación o relati-
> vas a la ridiculez de los tipos, como es lógico, dado el
> fondo y el ambiente de la farsa, deformados en sus
> líneas, y en su psicología, para lograr los efectos ape-
> tecidos (14/XII/24, 39).

El ingenio de los autores, el diálogo gracioso, la trama enredada, los personajes exagerados y los efectos producidos en el auditorio son los elementos notados en un acercamiento típico a este género. A veces, respecto de la trama embarullada, se señalaba "la suplantación de personas" como recurso fundamental. Estos equívocos suponían a su vez la presencia de "un personaje lo bastante cretino para que tome en serio los mayores disparates" (22/XI/25, 33). Eran estos cretinos, o "tontos", los que Araquistáin señaló como representativos del teatro cómico vigente en Madrid en los años 20. Opinaba que la "degrada-ción de los caracteres, pintándolos como tontos o pícaros" era sintomá-tica de la "psicología infantil" de la pequeña burguesía (60). Los críticos de *ABC*, en cambio, no relacionaron la farsa cómica con la clase social de los espectadores en términos tan específicos, aunque sí alu-dieron a su gusto infantil. Se observó en una ocasión que las piezas de este género empleaban un enredo complicadísimo, "de constante equívoco, de situaciones humanamente inverosímiles, pero cómicas, muy cómicas" para así entretener "siempre a los espectadores sencillos que gustan de estar en los secretos de la farsa para reírse después de los efectos" (26/II/24, 26).

Así, pues, se nota cierta resignación ante el auge de la farsa cómica. Como la crítica no la tomaba en serio, la norma era la recensión mínima, la indicación de los propósitos de la obra y la medida de su éxito. Gabaldón, el reseñador principal de *ABC* en los años estudiados, era el más explícito en su adopción de esta postura —muy parecida a la de Machado—mientras que Carmona y algunos reseñadores anónimos estaban más dispuestos a censurar la farsa cómica. Pero en general, cuando no se ofrecía una reseña mínima, se limitaba al apunte de los rasgos genéricos.

Otros aspectos de la representación—la actuación y la puesta en escena—apenas recibían mención. La actuación, cuando se comentaba, solía ser descrita conforme a si eran competentes los actores en el desempeño de sus papeles cómicos. La mención de ellos normalmente se limitaba a una escueta comendación o crítica, como en esta recensión representativa de *Mañana me mato*, de Muñoz Seca:

> En la interpretación hay que señalar en primer término los dos papeles más *agradecidos* de la obra, a cargo de Manuel Collado y Luis Manrique. Después, un manojo de personajes masculinos de menor importancia, pero a los que supieron dar calor y gracia Ricardo Juste, Rafael Durán, Delfín Jerez, Alfonso Candel y Pedro Fernández Cuenca. Contra toda galantería, han de ser citadas al final las damas, porque sus papeles no dieron para mucho lucimiento. Josefina Díaz de Artigas luchó con gran voluntad para animar una borrosa tanguista andaluza, y Montserrat Blanch hizo una Eva discreta (13/II/35, 45).

La puesta en escena tampoco se destacaba y solía recibir sólo una breve mención, normalmente al final de la reseña, como es el caso en el ejemplo citado arriba: "Los decorados de Redondela, muy lindos" (Ibid.). Por otra parte, los elementos del espectáculo, la luz, la escenificación, el vestuario y la música sí cobraban importancia en la revista. Pasemos al examen de este género ahora.

La revista

Como la farsa cómica, la revista y sus variantes procuraban divertir, evitando problemas o conflictos preocupantes para sus espectadores.

La recensión de *La danza de los millones* era representativa cuando notó que "libro y partitura no tienen otra finalidad más que la que cumplen; la de entretener al público" (19/III/25, 28). En la revista, el espectáculo era más importante que la trama o el desarrollo de los personajes, y a menudo, estos elementos apenas figuraban. Los episodios se descoyuntaban en la revista hasta presentarse como "una sucesión de cuadros, sin nexo alguno" que servían como pretexto para lucir las cualidades de sus actores, actrices y bailarinas. Compensaba este carácter fragmentario una superabundancia de "color, de música, de luz y de mujeres maravillosas, figurines vivientes, halago de la vista y expansión del espíritu" (4/I/21, 20). Las revistas lucían "el encanto alucinador de un ensueño" vertiéndose en ellas "subyugadoras cataratas de color, de armonía, de belleza" (19/IV/22, 23). La referencia al carácter casi onírico de la revista apunta a la incorporación de la fantasía en este género, en contraste con otros géneros, donde predominaba la verosimilitud, al menos en cuanto a la escenografía.

Esta belleza, además de lindar con el erotimso, suponía creatividad y fastuosidad respecto del vestuario, los escenarios y las luces. La "extraordinaria visualidad" y la "suntuosidad inaudita" constituían elementos apreciados por la crítica en este género que se prestaban aun a la refundición de revistas ya populares de antemano, como es el caso de *El príncipe Carnaval*, cuyo reestreno se nota en la reseña de 9/II/23, *Arco Iris*, reseñada el 8/II/24, 27 y *Cri-Cri*, reseñada el 18/V/23, 26.

"Los maravillosos efectos de luz" notados con respecto al reestreno de *Arco Iris* apuntan a la incorporación en este género del uso del cuadro de luces más actual mientras que seguía en uso en muchos teatros la iluminación desde abajo por medio de candilejas. Esta innovación tardaba en difundirse en las tablas madrileñas, como se nota en los comentarios publicados en *ABC* años después recomendándosela a la presentación de otros géneros.[8] Mientras que, para la mayoría de obras, los recursos dedicados a los elementos plásticos y visuales seguían siendo escasos, este no era el caso para las revistas, que ofrecían a sus espectadores una "brillante sinfonía de colores"

(28/I/28, 40).

Cuando *El Príncipe Carnaval* fue reestrenado se opinó que fue la

> primera vez que para montar la *reprise* de una obra se
> hace un esfuerzo tan grande.   Los trajes originales y
> caprichosos han sido confeccionados por el prodigioso
> modisto parisiense Max Weldy, así como las maravi-
> llosas capas de terciopelo, tisú y pieles de mono, que
> arrancaron un murmullo de asombro al aparecer en
> escena (9/II/23, 22).

Este comentario, además de resaltar la fastuosidad de la presentación,
sugiere la importancia de algunas de las vestimentas vistas como
modelos para ciertos sectores del público.   La importación de la moda
de París y otros centros cosmopolitas añadía alicientes a esta modalidad teatral para el público burgués.   Sobre la intercalación de una
nueva escena titulada "La triunfadora" en la revista *Cri-Cri* se ofrecieron estas observaciones:

> el nuevo cuadro es un alarde de riqueza y de buen gusto y,
> sin disputa, el más fastuoso de la revista.   Toda su com-
> posición es obra de la fantasía de Erté, el célebre dibujante
> norteamericano que después de estilizar la silueta femenina
> en sus creaciones de *Vogue*, y *Harper's Bazaar*, conquista
> ahora, rápidamente los principales escenarios de París.   "La
> triunfadora" fue la gran atracción de la última revista de
> *Folies Bergère* (18/V/23, 26).

Poco hay en las reseñas de revistas que ofrezca una indicación de
un criterio estético por parte de los reseñadores, fuera de notar las
innovaciones en la visualidad.   El género ganó en popularidad con el
transcurso de la década de los 20.   En sus primeras fechas como
fenómeno teatral madrileño, E. Gómez Carrillo, colaborador de *ABC* en
París, señaló sus antecedentes allende la frontera.   Opinó en su artículo
"El teatro que está de moda" que

> Las revistas nunca han estado tan en auge como en
> nuestros días.   Algunos dirán que, comparado al
> drama serio la revista no es teatro.   La revista, en
> cambio, no sólo se llama teatro, sino que ahora todo el

teatro parisiense se llama revista. Al fin y al cabo de
lo que se trata es de pasar el rato sin fatigarse el
cerebro. Y así, aun los hombres de más ingenio, aun
los poetas de verdadero talento, aun los dramaturgos
ilustres conocidos, cuando se deciden a abordar el
género de moda, resígnanse a ir por la senda por
donde han ido las muchas revistas que en París han
sido. El dios del éxito fácil premia la humildad in-
mediatamente (26/VI/19, 3–4).

Por lo visto, el mismo dios hacía caso omiso de las fronteras
pirenaicas en cuanto a sus premios, y tampoco encontró gran oposición
por parte de los revisteros en *ABC*, si bien, después de más de una
década de convivencia las reseñas empezaron a demostrar cierta har-
tura con la facilidad. Representativa es la recensión de *¡Cuántas,
calentitas!*, que resaltó el carácter formulaico del género:

> No se han propuesto romper, ni siquiera relajar,
> los moldes en que los *técnicos* del género vienen va-
> ciando los frutos de su inspiración. Hay una receta
> para la letra y otra para la música, y los libretistas y
> el maestro se han atenido con todo rigor a los ingre-
> dientes: tanto de bailables, tanto de desnudos, tanto de
> piruetas, tanto de chistes a base de la Política y de la
> Erótica, el chotis en cualquier momento, el *fox* antes o
> después, un personaje de abolengo artístico para inten-
> tar cierta dignidad, una decoración guapa... y las chi-
> cas bajando al público para que puedan ser contem-
> pladas mejor (2/VIII/32, 33).

En general, los revisteros se admiraban de la fantasía y la fastuosidad en un género que evidentemente no pedía un juicio a base de
la verosimilitud e ingenio ni de su argumento ni de los personajes.
Gabaldón expresó así su valoración del género, insistiendo en sus
rasgos espectaculares:

> nosotros entendemos que no hay que juzgar estas
> obras desde un punto de vista severo, exclusiva ni
> principalmente artístico. Son un espectáculo; danzas,
> músicas, canciones... variedad de ritmos... y muy en
> remoto término puede tener algo que ver con el arte
> grande.

Hablan a los ojos, al oído, a la voz, y de vez en cuando le dicen alguna que otra palabra al intelecto, que no siempre ha de ocupar el primer puesto y que al cabo es un forastero y un convidado en esta fiesta de los sentidos (22/III/36, 59).

El sainete

Siempre en la línea de la diversión despreocupada, pasemos a considerar el sainete. Como en los demás géneros, hay arbitrariedad y confusión sobre la definición exacta de esta modalidad. Un sainete de traza moderna para la época de los 20 podía considerarse como comedia de costumbres o aun como juguete cómico. Existían además variaciones en el género mismo de acuerdo con la extensión y la presencia o no de "cantables". No siempre se hacía distinción en las recensiones entre los sainetes de un acto y los de más, ni entre los líricos y los que carecían de la música.

El sainete, lejos de incurrir en lo fantástico como lo hacía la revista, se ceñía a lo típico como materia prima de su desarrollo dramático. Los decorados y la indumentaria apenas recibían mención en las reseñas, acaso porque estaban tan subyugados a las convenciones miméticas del género que casi nunca llamaban la atención crítica. Eran signos de lo familiar, radicados en los rasgos esenciales del sainete: el costumbrismo, la brevedad, la jocosidad y el sentimiento.

El sainete, como género castizo español, suponía la verosimilitud en la representación de ambientes, lenguaje y costumbres, y los reseñadores resaltaban con frecuencia esta convención genérica. Señalaban con aprobación "la perspicaz observación", el "estudio acabado de tipos", y se afirmó en una ocasión que este "genuino espectáculo español [pedía], como ningún otro... la más absoluta objetividad en la pintura fiel y espontánea de algún suceso cómico de la vida corriente, representado por tipos reales y populares" (16/II/22, 19; 4/XI/30, 47, respectivamente). La verosimilitud era de tanta importancia que en una obra de carácter andaluz donde se representó una "parranda", "daban toda la autenticidad que se pretendía labriegos y hortelanos de la tierra de Málaga, llegados expresamente para intervenir, aunque de una manera episódica" (2/III/23, 25).

Los "tipos reales y populares" solían abarcar "la vida y las costumbres de la gente del pueblo", o del pueblo madrileño, constituido éste por la clase obrera. Una temática popular suponía un público popular también; Hormigón nota que el sainete era uno de los pocos géneros que no era privativo de la clase media, observando que "el melodrama, la zarzuela y el sainete costumbrista son los subproductos de consumo masivo" (169). Esto no quiere decir que la clase media y la burguesía alta no tuvieran relación con esta modalidad. Los sainetes en más de un acto se destinaban al teatro comercial frecuentado por esos sectores sociales, y hasta Benavente llegó a escribir sainetes, como *Los amigos del hombre*, estrenado en el Teatro Avenida el 3 de noviembre de 1930. Una indicación de la acogida del género por los espectadores de clase media fue la representación de *El trousseau de boda*, "sainete para señoras", donde el costumbrismo genérico suponía la "ocasión de ver lindas y variadas toaletas" de agrado particular para el público femenino (17/XI/20, 20).

Además del costumbrismo, el sainete aportaba una combinación de lo cómico y lo sentimental bastante convencionales según los comentarios. Solía haber una pareja joven que llevaba el interés sentimental mientras otra pareja bufa proporcionaba su contraste cómico. Una recensión resumía para sus lectores el carácter convencional del sainete así:

> en todo sainete madrileño que "se estime" hay... raptos líricos de amor y de celos al lado de manifestaciones caricaturescas de iguales sentimientos; los mocitos garbosos y *honraos*, que se quieren por lo romántico, y otras parejas que hacen su parodia para poner el claroscuro de lo cómico, necesario en una obra de divertimiento. Hay chulitos formales, otros burlescos, algún primo *alumbrao*, algún *vivales*, un portero (19/VII/32, 43).

Entre los valores de un buen sainete, la crítica apreciaba sobre todo la gracia e "ingenio del diálogo" (16/II/22, 19). Sin embargo, la busca de la comicidad abusaba a menudo del chiste fácil, ocasionando, como en esta reseña, una censura: "Más que por su ingenio—venía a decir Yxart a fines del pasado siglo—nuestros sainetes se distinguen por la afición al retruécano y al equívoco estrafalario". Crítica pertinente unos treinta años después, según Luis Calvo, que añadió a lo anterior: "Nuestro sainete—y hay excepciones, como *La verbena de la Paloma* y otras más cercanas—si no está laborado por la industria doméstica del retruécano, si no atropella el juicio con una riada caudalosa e interminable de chistes de almanaque, deja de ser sainete" (4/XI/30, 47).

Lo que el sainete perdía a causa de los chistes excesivos era la verosimilitud de su costumbrismo, a medida que los tipos se convertían en meros peleles cómicos. Ortega Lisson resumió las convenciones genéricas ideales opinando que "el sainete no admite descoyuntamientos ni arbitrariedades. Todo en él ha de producirse con la naturalidad y lógica con que las cosas ocurren en la vida misma. Y así ha de ser un trozo de vida real trasplantado a la escena. Sin concesiones al aplauso fácil" (1/VI/35, 49). Felipe Sassone parecía estar de acuerdo aunque reconocía el elemento "levemente caricaturesco" del género necesario para acentuar su carácter típico y provocar los efectos cómicos y sentimentales. Se quejó específicamente de los sainetes extensos, opinando que

> esos sainetes en muchos actos, con asunto y enredo—que en el sainete propiamente dicho no caben—apenas si son unos juguetes cómicos, que, lejos de copiar la pintoresca parla del pueblo, enseñan la desgramática—pasadme el vocablo—y dan patente de corso a los solecismos más horribles y ponen en boga giros y frases, a base de retruécanos idiotas, que jamás pudieron conocerse en la sencilla mente popular (23/IX/25, 7–8).

Por otra parte, algunos críticos veían en el sainete un género que no dependía tanto de la autenticidad de su retrato social como de su comicidad e interés episódico. Alfredo Carmona notó que

> el sainete, comparado con la comedia, permite una

mayor amplitud en la lógica del desarrollo y pide
menor severidad en la psicología de los personajes...
No importa esta elasticidad que tiene la lógica en la
obra, pues la sal del diálogo y los interesantes episodios que sin tregua van sucediéndose no da vagar al
espectador para otra cosa que el regocijo y el interés
(12/I/35, 42).

Otro que también hacía comparaciones entre la comedia y el
sainete, señalando la flexibilidad de éste a raíz de su comicidad era
José Alsina.   El sostenía que la superficialidad era la característica
fundamental del género, en contraste con la profundidad posible en la
comedia.   Por superficial, él entendía la comicidad a base de tipos
convencionalizados y conflictos sentimentales de fácil resolución.
Ofrecía Alsina el siguiente resumen de su teoría:

el sainete [podría] definirse... de este modo: pieza
dramática de costumbres, con predominio de lo típico
jocoso, merced a la superficialidad indispensable de su
conflicto. Y, según eso, ya no había que hablar de un
sólo acto, puesto que lo que interesaba era distanciarle
de la comedia por la razón única de la diferencia de
profundidad, diferencia que necesitaba, a su vez, del
costumbrismo como apoyo decisivo de la expresión
(31/X/35, 12).

Acaso la diferencia de opinión evidente en estas críticas estribaba
primariamente en lo que constituía "lo típico jocoso".   En este sentido,
Sassone acusaba los sainetes en muchos actos de una falsedad intolera-
ble: "La influencia de tales sainetes—en verdad juguetes de mal
género—es funesta para el teatro, porque pervierte el gusto y dichos
engendros son completamente falsos como documento costumbrista"
(23/IX/25, 7–8).

El respeto por el valor del costumbrismo es sintomático del aprecio dado al sainete como una forma nacional, castiza.   Era, sin embargo una casticidad expresada dentro de convenciones estrechas en
cuanto al argumento y personajes presentados y las observaciones
críticas hacían alusiones frecuentes al carácter formulaico del género,
como por ejemplo en este comentario: "Los ingredientes son conocidos

y el toque está en mezclarlos *secundum arte"*. En esa ocasión, según el mismo comentario, el arte con que habían "sabido mezclar los ingredientes [era] tan perfecto que [habían] podido lograr una obra entretenidísima que interesa, regal[ó] el oído y [movió] la alegría" (30/IV/31, 48).

Sin embargo, no siempre bastaba la intención de entretener y, al lado de las reseñas que elogiaban el casticismo y la alegría del sainete 'clásico', otras lamentaban la falta de innovación genérica. Respecto del estreno de *Toros y cañas*, de Micón y Vila, con el maestro Cales, se apuntó en una reseña anónima que "a juzgar por esta obra, los noveles autores no vienen al campo de Talía con propósitos de renovación. *Toros y cañas* es un sainete escrito sobre patrones conocidos, y es de lamentar en los que empiezan este espíritu conservador..." (24/VI/23, 36).

En cuanto al conservadurismo formal evidente en el sainete, Alfredo Carmona culpaba en parte a los espectadores, notando que salir de las convenciones era arriesgar reacciones desconocidas por parte del público orientado por las expectativas predominantes. Recomendaba el intento, no obstante:

> Si un autor se atreviese a romper con las pautas establecidas, variando los personajes tradicionales y sus sabidos conflictos para ofrecer otros nuevos, diferentes, modernos... posiblemente fallaría el público que *aquéllo* no era sainete.
> A pesar de todo, se anhela una ráfaga de novedad, de variedad, de diferencia; algo que permita salir de temas manoseados, si no apolillados, y de personajes conocidos y requetesaboreados (19/VI/32, 43).

En fin, las reseñas dedicadas a los sainetes solían señalar sus rasgos genéricos, a veces indicando su satisfacción con la eficacia con que la obra cumplía su función de divertir, otras veces condenando el sacrificio de la verosimilitud en busca de la risa. Por lo demás, generalmente seguían la recensión modelo: Identificar el género; esbozar el argumento; comentar algún personaje de carácter interesante si lo hubiera; relatar la reacción de los espectadores; mención sumaria de la actuación y del escenario. Estos últimos elementos eran signos transparentes. Si cumplían bien su función de presentar el costumbrismo con verosimilitud, no resaltaban en la consideración crítica. Sólo cuando fracasaban se comentaba la falta de naturalidad de la actuación o de la decoración. Examinemos ahora el tratamiento de otro género también notable por su casticismo y por su popularidad con el gran público, tal vez mejor dicho, con todos los públicos.[9]

La zarzuela

La zarzuela no estaba exenta de la confusión en la aplicación de términos, y, como con los demás géneros, la crítica diaria se acercaba a la obra particular a partir de los rasgos fundamentales del género. Así es que una obra denominada zarzuela bufa por sus autores le parecía al crítico más bien una opereta, porque combinaba la música, la picardía y la visualidad, entendiendo por estos últimos términos un notable elemento erótico (7/IV/23, 23). De ahí se puede deducir que el erotismo no era esencial a la zarzuela. Sin embargo, entre la zarzuela y otras formas había confusión suficiente para que Felipe Sassone declarara "yo llamo zarzuela a todas la comedias y dramas líricos, cuando son españoles... llamo yo zarzuela todo nuestro teatro con música, cuando, por no ser germanizante o italianizante, júzgole ajeno al extraño vocablo de ópera" (27/VIII/26, 2).

Otros críticos eran más específicos en sus aproximaciones a las características fundamentales de la zarzuela. El españolismo de la zarzuela era una de sus claves, y también una de las razones por el respeto que el género merecía en las reseñas. Los elogios más frecuentes en las recensiones tenían que ver con "el sabor español"—sobre todo de la partitura—de esta modalidad teatral (20/IV/24, 33). En este sentido, la zarzuela tenía un carácter definido y formulaico muy semejante al del sainete, como es evidente en esta recensión de *La Marchenera*, letra de González del Toro, partitura del maestro Torroba: "La letra de la zarzuela tiene todas las de ley zarzuelera. Tipismo, una acción interesante, episodios graves, que se conciertan con otros eutrapélicos, y situaciones para que los personajes dejen de hablar y se lancen a cantar sus gozos o sus 'achares'" (8/IV/28, 55). En esta definición, es significativa la inclusión de "episodios graves", ya que una diferencia entre el sainete en más de un acto y la zarzuela era una cuestión de tono. Así es que Sassone diferenciaba entre los dos notando que "fue el sainete, nuestro género genuinamente español, el que dio carácter a la música con que lo sirvieron... y de aquí, por modos de arte más serios, las partituras de la zarzuela" (27/VIII/26, 2). Pese a esta mayor seriedad, la zarzuela se consideraba como una modalidad esencialmente lírica, y el libreto recibía muy poca atención en términos literarios. A su vez, el decorado y el vestuario, y los demás aspectos del espectáculo fuera de la música, apenas se mencionaban, probablemente por las mismas razones que se han observado al tratarse de los sainetes.

Por otra parte, se notaba a menudo el casticismo de la zarzuela, que, como el del sainete, radicaba en parte en su incorporación de costumbres populares, madrileñas o regionales. De todos modos, la música, también de carácter español, jugaba el papel principal. La zarzuela procuraba ser, según Rafael Villaseca, "depositaria de los cantos populares españoles y medio traductor y divulgador de mayor alcance de la espléndida modalidad musical de nuestras regiones". Esta dimensión divulgadora se entrelazaba con la popularidad de la zarzuela, que abarcaba igualmente a espectadores de la clase media y de la baja. Así, su nacionalismo y su popularidad se unían, dando motivo a elogios, según Villaseca, porque

> A su finalidad artística reúne el humanitario beneficio de satisfacer esa necesidad tan explicable que siente el pueblo de cantar algo y de descargar su pesadumbre en la fácil liberación de una expansión musical a tono con el nivel limitado de su sensiblidad y en proporción con su perpetua avidez de canciones (5/IX/26, 7).

En los años 20, la consideración de la zarzuela formaba parte de las meditaciones críticas sobre la decadencia del teatro español, y fuera de precisar sus características y elogiar su dimensión nacionalista, las recensiones son de interés principalmente porque apuntan al deseo de ver renovada esta modalidad teatral. Viendo la zarzuela romántica "anticuada como la época romántica que la produjo, e inadmisible en su totalidad la zarzuela grande del siglo pasado", y agotados los sainetes líricos "con lucimiento en los mejores casos y con prejuicio y maleamiento en otros", lo que la crítica pedía era "un inteligente movimiento de restauración" (Ibid.). Así es que se elogiaban las obras que parecían diferenciarse "de la decadencia, más bien total eclipse del teatro lírico", como *Los diablos azules*, de Antonio Soler y el maestro Fuentes, o *Doña Francisquita*, de Romero y Fernández Shaw, música de Vives (15/II/22, 19; 18/X/23, 23; respectivamente) al tiempo que se comentaba la posibilidad de subvención teatral para la zarzuela en la temporada de 1926 (5/IX/26, 7; 27/VIII/26, 2).

El melodrama

Como en los casos ya examinados, las recensiones sobre los melodramas combinaban una aproximación prescriptiva a las convenciones del género con los elementos de la reseña modelo: un relato esquemático del argumento; descripción de los personajes; la reacción del público. El melodrama se distinguía, sin embargo, a raíz de los comentarios sobre aspectos visuales y plásticos en la escena y también por la reprobación a que frecuentemente era sometido.

Los rasgos fundamentales del melodrama según las prescripciones genéricas de la crítica eran la polarización entre buenos y malos y la intención de producir una reacción sentimental en los espectadores:

> Es tradicional en el melodrama, desde que perdió la música, un tema fuertemente sentimental, en el que haya *buenos* perseguidos por *malos* triunfantes, hasta que al final el autor hecho Providencia castiga el delito—aquel famoso "traidor de melodrama"—y recompensa la virtud (20/I/35, 53).

La respuesta emotiva de los espectadores a las consabidas duras pruebas y al triunfo del héroe era tan fundamental que su primacía casi suprimía la posibilidad de otros propósitos estéticos, de acuerdo con este comentario: "Los autores están en el secreto de la mecánica teatral, y así saben producir emoción, única finalidad que se persigue en este género de obras" (28/IV/18, 11).

Como sub-género, el melodrama policiaco conservaba los rasgos apuntados arriba, pero añadía algunas novedades: mayor énfasis en los efectos teatrales y más importancia para el decorado. "La teatralidad sorprendente" (16/I/32, 40) de estas obras se manifestaba en la combinación de la truculencia con los trucos elaborados, antes vistos solamente en el cine. Estos trucos incluían (casi requerían) "la puerta habitualmente disimulada en el muro", "el efecto de saltar una habitación por medio del consabido explosivo", "el trágico hundimiento de un barco en alta mar", "cortinas de vapor de agua, ruidos interiores, bengalas, telones de gasa, disparos", etc. (1/X/21, 19; 10/IX/21, 17; 5/IV/30, 44; respectivamente). A este efectismo, necesario para mantener sin decaimiento la emoción y el interés de los espectadores, se sacrificaba todo, incluso la lógica: "El melodrama se caracteriza por una acción de gran intensidad, las más de las veces terrible o violenta, y en que la lógica viene sacrificada a los grandes efectos" (20/I/35, 53).

El efectismo de los melodramas policiacos inspiró también cierta renovación visual, a veces redentora para la crítica cotidiana de *ABC*. La reseña de *Wu-Li-Chang* notó con aprobación que

> La visualidad del ambiente, el color, el carácter, se sobreponen a la esencia melodramática. El interior chino del último acto es un alarde de riqueza y buen gusto, del más puro carácter oriental. Muebles alfombras, telas, lacas, farolillos, linternas de papel de corea, idolillos, estatuillas, armas, tambores, todo armónicamente puesto responden a las decorativas elegancias del arte chino (3/III/20, 18).

El valor visual, como con la revista, estribaba en la fastuosidad. Así, la reseña de *La pimpinela escarlata* observa que

> Martínez Garí, en una decoración corpórea, ha

sabido reflejar lo fastuoso de aquel ambiente de refinadas elegancias. Sobre el fondo admirablemente compuesto, las damas y damiselas de la compañía de Arturo Serrano eran como vivientes figuras escapadas de una vitela de Fournier. Tal la exquisitez, la gracia y la suntuosidad de aquellas telas sutiles que las manos prodigiosas de Fabia Arin supieron elegir y combinar con la más suave armonía de matices.

Arturo Serrano ha gastado, y ha gastado bien, muchos miles de pesetas y ha tenido en Martínez Garí y en Fabia dos inapreciables colaboradores, porque cuantas palabras dedicamos a celebrar tan brillante como sugestivo espectáculo no acertarían a expresar todo su valor (20/XII/22, 21).

La reacción pública a los melodramas policiacos, elegantes o no, era favorable, y así un comentario notó que "este género moderno teatral, que hace de las truculencias y demás efectos desopilantes factor esencialísimo en las obras denominadas policiacas, ha acabado por tomar carta de naturaleza en el gusto del público" (12/I/19, 22). Si bien no se definía explícitamente en las reseñas quiénes formaban este público, Hormigón, como se ha notado, opina que, como era el caso con las zarzuelas y los sainetes, las capas populares eran los espectadores principales del melodrama. Estos espectadores estaban caracterizados en la crítica como tan faltos de sofisticación como las obras que veían. El público que se emocionaba con "tiernas lágrimas" ante un melodrama más fue descrito como "ingenuo y francamente sensible", "habituado a la plebeyez literaria" (28/IV/18, 11; 17/I/23, 23; 27/II/18, 13; respectivamente). Era un "auditorio pueril, educado en el realismo cinematográfico" (15/XI/30, 44). Los melodramas fastuosos como *La pimpinela escarlata* eran una excepción al tipo predominante, y probablemente se dirigían a espectadores de la clase media. Los elogios de estos melodramas respondieron acaso al valor de la riqueza visual, apreciado tanto por los críticos como por este sector del público teatral.

Por otra parte, tal vez la indignación evidente en algunas reseñas sobre los melodramas respondía a la asociación de éstos con el cine.

Los melodramas policiacos, inspirados mayormente en películas estadounidenses y sus congéneres teatrales, eran de popularidad creciente en el Madrid de los años 20. La asociación de este género con el cine era evidente en los términos empleados como sinónimos en esta reseña desfavorable de *Los arlequines de seda y oro*, de Amichatis: "*Los arlequines* no pasa de ser un melodrama más, un folletín escénico, una película hablada..." (17/I/23, 23). Como la competencia entre el cine y el teatro era un tema preocupante de muchos ensayos, no sorprendería que por eso se desaprobara la incorporación de elementos cinematográficos en el teatro.[10]

Sea la que fuere su motivación, ante la generalidad de obras melodramáticas la reacción de los críticos era consistente: señalaban su popularidad y notaban, a menudo de una manera irónica, la facilidad con que las obras conseguían sus efectos mediante fórmulas convencionales, dejando en claro su falta de estimación por esta modalidad teatral. Sintomático es este comentario sobre *El hombre que está en todas partes*: [la obra] "posee todos los aditamentos propios del género; es decir, los efectos, truculencias, muertes, desolaciones y fieros males se suceden sin tregua ni descanso, con el exclusivo objeto de mantener sin decaimiento la emoción y el interés de los espectadores" (8/II/19, 20). Que esto no bastaba para suscitar la estimación crítica se pone de manifiesto en este comentario sobre *La calle*, un melodrama policiaco de tipo americano: "No podemos asentir a un procedimiento dramático que no excita tanto la imaginación cuanto los nervios" (15/XI/30, 44).

Es interesante notar que no se manifestaba el mismo desprecio ante el sainete, género igualmente formulaico en cuanto a sus efectos, ni ante los géneros ligeros y eutrapélicos, dedicados también principalmente a la reacción emotiva, si bien de un tipo distinto. Frente a éstos, la reacción crítica mejor se caracteriza como una de acomodación; no pedir sofisticación ni originalidad si la finalidad de la obra no las exige. Si bien el sainete y la zarzuela, como el melodrama, se dirigían a las capas populares, éste último no solía incorporar ni el costumbrismo español ni la música. Sin estos elementos, posiblemente redentores por su carácter castizo, la "plebeyez" del melodrama policiaco—conocido más bien como género importado—quedaba más contrastada. Esta lacra estética, según las reseñas, consistía en el efectismo excesivo, personajes que no pasaban de ser tipos y argumentos que tendían a la simpleza en su tratamiento idealizado del bien y del mal. Lo contrario de estas cualidades melodramáticas, es decir, la verosimilitud, los personajes más complejos y convincentes, un argumento que matizara los contrastes de blanco y negro, son los rasgos apreciados por la crítica en las formas teatrales privilegiadas. Pasemos, pues, a examinar el tratamiento de la alta comedia.

La alta comedia

Por su mayor verosimilitud, la alta comedia, junto con el drama, era y es uno de los géneros más valorados en términos aristotélicos. Su importancia se ponía de manifiesto en la mayor atención que recibía en las recensiones. Uno de los valores comentados en las reseñas era la aportación humana, y la alta comedia merecía el elogio de la crítica en la medida en que la representación de las costumbres sociales resultaba verosímil.

Sintomáticos de los criterios aplicados eran los comentarios que elogiaban "la exactitud de la observación social, la profundidad del análisis psicológico [y] el estudio de caracteres", así como "la directa observación de la realidad" (12/X/18, 17; 1/I/19, 17). Está claro que los críticos admiraban las obras que ahondaban en algún aspecto de la vida normalmente disimulado, y así formulaban sus elogios a base de la dicotomía entre la mentira y la verdad. Así una obra que era recomendable por su "reflejo fidelísimo de un trozo de la vida" y "admirable por muchos conceptos" lo era principalmente por "el culto que a la verdad profesa y rinde su autor" (16/XI/22, 23). Esta representación de costumbres constituía a menudo una descripción de las flaquezas del grupo o individuo tratado. Por ejemplo, una obra inglesa adaptada por Enrique F. Gutiérrez Roig y Luis Gabaldón mismo, *Bridge, Hamilton y Berton*, fue alabada como un "retrato de las costumbres de la alta sociedad británica, invadida, como ninguna otra del mundo, por toda clase de prejuicios y de convencionalismos, sin embargo de padecer las lacras y las pequeñas pasiones inherentes a toda organización humana" (8/III/19, 22).

El retrato de costumbres con frecuencia dirigía la atención crítica a los caracteres representados. Estos solían plantear un conflicto dramático, tanto más convincente cuanto más estaba lograda la complejidad y verosimilitud de los personajes. Así, junto con la recomendación de la obra donde los personajes "parecen arrancados a la realidad del vivir", se alababa el retrato destacado de un carácter "que, por sí sólo, vale tanto como la obra, vario y complejo..." (3/V/22, 23). La obligación del crítico, entonces, era describir el conflicto y los personajes principales, y las reseñas se alejaban de la norma mínima en la medida en que se dedicaban a la descripción de aquéllos. La recensión de *Santa Marina* resumió así este deber profesional: "Es tiempo que descubramos las máscaras de los aludidos y fundamentales personajes... el conflicto dramático, [es] eje de la comedia" (13/IX/34, 41).

Aunque la crítica valoraba el análisis del trasfondo social como ingrediente de la comedia bien hecha, el público no siempre compartía su criterio. Con preferencia, los críticos elogiaban todas las obras que por la penetrante—y crítica—observación de costumbres se destacaban de una literatura "vana, inana, [reducida] a fútiles temas de conversación, entre cigarrillos egipcios y el agitar de las coteleras" (8/IX/34, 41). Por otra parte, tenían que responder también a las comedias al uso, y éstas solían inclinarse más a la amenidad que al retrato serio o revelador de costumbres. Las convenciones genéricas del período, aunque suponían algún conflicto o transgresión, también pedían la reintegración social al final.[11] A veces, las reseñas aludían a esta resolución convencional. Alfredo Carmona declaró al respecto que "Nuestros dramaturgos han tenido siempre un concepto arreglador, conciliador, en los conflictos que llevaron a la escena. Casi todas sus comedias se resuelven bien, y en lo que atañe al amor, con el matrimonio" (31/XII/32, 35). Para la crítica, una de las razones de esta tendencia era evidente: "una solución optimista complace siempre a los espectadores" (9/IX/34, 41).

La amenidad del género se tomaba por supuesta, y, a falta de elementos serios en la obra reseñada, los críticos dirigían sus elogios a la técnica con que se complacía a los espectadores. Notaban que la fórmula usual para ello, además de abarcar la observación de costumbres, suponía la hábil combinación de la comicidad con el sentimiento. Ante el estreno de *La coplica nueva*, de Navarro Serrano, se observó, por ejemplo, que el autor era uno

> de los más expertos en el manejo de los recursos escénicos. Y no es que nos sorprendieran la corrección y propiedad del diálogo, la exacta reproducción de tipos y ambiente, ni la justa ponderación que da a los valores cómico y emotivo... pero es de admirar la habilidad para despertar el interés del público con un asunto sin trascendencia y lograr que al final no se sintiera defraudado, no obstante haberle escamoteado la solución dramática que vislumbraba al iniciarse el conflicto (16/XII/22, 21).

El criterio crítico por una parte tenía presente la reacción de los espectadores, es decir, el éxito de la comedia, y, por otra, daba cuenta de la finura, la gracia, la elegancia y el ingenio de la obra. La finura, o sutileza suponía el rechazo de un fácil efectismo teatral. Era "la justa ponderación de los valores", como en el ejemplo citado arriba. Su contrario, en la vertiente emocional, sería la sensiblería, como se notó en este comentario sobre *Doña Tufitos*, de Luis Manzano:

> El autor, sin desatender la nota cómica, cuida con toda atención, acaso más atención que en ninguna otra de sus obras, de la nota sentimental, entonada, justa, muy lejana de las sensiblerías que pudieran lindar con lo cursi, y, merced a ello, las figuras de las fábulas adquieren el armónico relieve de los seres humanos (23/X/26, 37).

En la vertiente humorística, el modelo negativo se parecía al juguete cómico, criticado por estar basado en "ese chiste verbal carente de contenido ideológico y que se basa en el sonido de las palabras y no en su significado", o era la comedia ligera, "baladí, de resbalada palabrería, de frívola estructura" (23/XII/34, 51; 13/III/24, 25). En cambio, se alababan las obras dotadas de una "fina sentimentalidad", "la originalidad... la gracia, el ingenio, la soltura del diálogo elegante de fino humor" (8/III/19, 22; 16/XI/26, 35).

La línea divisoria entre la palabrería y el diálogo elegante debía ser sutil, puesto que, como en el caso mencionado de *La coplica nueva*, el diálogo compensaba con frecuencia la falta de "trascendencia", y así se notó en la reseña de *¡Cásate con mi mujer!*, de Ladislao Fodor, que "el tono alegre y amable, el diálogo brillante y frívolo, la viveza y ligereza de las escenas dan valor dramático a la insubstancial anécdota y a los eternos celillos teatrales" (15/XII/30, 33). Otra recensión, después de notar que el asunto de la comedia examinada era "parvo", elogió su "elegante desenfado... sufragado por el donaire y agilidad del diálogo". La misma reseña señaló el papel clave del diálogo, apuntando que "el diálogo es el *chic*, palabra, que dice y expresa muchas cosas, la gracia, lo que reviste y engalana el más pobre argumento. Es, valga la frase, como en el arte lírico la buena instrumentación que realza una melodía vulgar" (31/XII/32, 35).

"*Quant on rit, on est désarmé*" comenzó la reseña de una comedia caracterizada como "ligera", y parece que la risa, en combinación con el buen gusto, igual que en el caso de las muchas obras que combinaban el espectáculo fastuoso con el lirismo, bastaba para satisfacer a los críticos de *ABC*. La misma reseña añadió que

> Ateniéndonos al criterio del "bien mirado...", no hay comedia ligera que resista un análisis. "Bien miradas", son todas inocentes, o absurdas, o hiperbólicas. Pero, ¿y el arte sencillo con que nos entretiene y nos desarma el escritor? Cosa muy distinta es nuestro "género grueso", el cual, si nos hace reír, nos obliga también inmediatamente a una reacción opuesta del discernimiento. El *quid* estriba en anular todo criterio, sin menoscabo del buen gusto general (10/I/32, 66).

Sin embargo, dentro del contexto global de la tolerancia de las obras frívolas de la alta comedia, a veces resaltaba la ironía. Este distanciamiento era evidente, por ejemplo, frente a *Mimí Valdés*, de José

Fernández del Villar, donde se notó que

> el autor está bien situado y coincidente con el público,
> al que sabe entretener y divertir, sirviénole comedietas
> muy a tono con los usos y costumbres de la frívola
> sociedad de las llamadas niñas "bien" entre las que
> elige sus modelos, que con buen arte de modisto, sabe
> vestir y presentar en escena, con una amable sonrisa y
> un leve matiz de ironía... Además, satisfacía la co-
> media el habitual gusto del auditorio, porque el autor
> se había preocupado, en primer término de escribir
> dos papeles a la medida de Pepita Diaz y Santiago
> Artigas.   Verlos enamorados, en reñida porfía luego,
> celosos más tarde y, por último, felices y casados,
> ¿podía pedirse más? (27/VI/26, 34).

La reseña, con su uso del diminutivo "comedieta", su referencia a la frivolidad y al "habitual gusto del auditorio", implícitamente se distancia del gusto de los espectadores, como para sugerir que tal vez sí se podía pedir más.   Este tipo de crítica quedaba muy en segundo término en las reseñas examinadas.   Es una indicación tanto de la acomodación de la crítica a las obras del día como de algunas diferencias entre los gustos de los críticos y los de los espectadores.

El buen gusto, la finura tantas veces observada—fino humor, fina sentimentalidad—la elegancia e ingenio del diálogo, todos estos son criterios coincidentes con la verosimilitud, diferenciados en las reseñas del humor de grueso hilo, de la palabrería y de la sensiblería asociados con la farsa cómica y el melodrama.   Estos géneros se destinaban mayormente a la pequeña burguesía y las capas populares mientras que era otro el público de la alta comedia.   Es decir, el buen tono suponía cierta elevación de estilo que procuraba alejarse de la representación excesivamente caricaturesca al tiempo que respondía a los valores de la clase que constituía su público principal.   En este sentido, el término 'alta comedia' se refería tanto al rango social representado como a la verosimilitud predominante y al refinamiento estético.[12]
Los personajes, su diálogo, el espacio escénico tendían a reproducir el mundo de la alta burguesía, y si estos últimos elementos se hacían notar en las reseñas, era primariamente para resaltar la eficacia con

que conseguían ese propósito.

El diálogo se elogiaba en la medida en que alcanzaba la "gracia limpia y suelta" (1/I/19, 17). Esta precisión se refería en primer lugar al humor, al ingenio y al sentimiento ponderados. Al mismo tiempo se relacionaba con la limpidez, puesto que su otro cometido era el de ser diáfano en la representación de los personajes, y así lo entendían los críticos de *ABC* cuando alababan "un diálogo de animada expresión, de finos contornos, claro y sencillo" (18/I/29, 36).[13]

La elegancia y la verosimilitud eran también los criterios principales aplicados a los decorados. En la reseña de *Vidas maltrechas*, una comedia dramática de Meneses Lezena, se opinó que

> hay que elogiar la magnificencia de la "postura" escénica, para cuya mayor propiedad y riqueza se exhiben próceres reposteros, armas y objetos de valiosa autenticidad, escenográficos fondos de moderna estilización, como "el cabaret" del acto tercero, y cuanto, en fin, puede ayudar a su mejor efecto de verismo (18/V/24, 33).

Menos ostentoso, pero siempre en la línea de la verosimilitud combinada con el buen gusto burgués, era el decorado elogiado de *Sueño de una noche de agosto*, de Martínez Sierra:

> Bien puesto aquel interior de casa de Rosarito, que da una simpática sensación de bienestar, algo muy íntimo y confortable, sin grandes lujos, pero donde se advierten el orden, el buen gusto y la esmerada solicitud de una mujer joven, bonita y hacendosa (21/XI/18, 18).

Evidentemente, la crítica aplicada a la alta comedia se ajustaba a la expectativa de su público con respecto a la puesta en escena, al diálogo y al estilo de la obra. Si se elogiaba la obra de discernimiento por su observación social, y siempre había una frase de comendación para la obra "bien pensada" a diferencia de la ligera, por otra parte, los críticos de *ABC* se acomodaban a la tendencia predominante hacia la frivolidad, encontrando que la habilidad técnica, la gracia y aun la risa hacían ociosas las consideraciones críticas referentes a la seriedad.

Entre todos los géneros, el criterio de la seriedad—fondo educativo y representación del dolor—se relacionaba más con el drama.

El drama

Un elemento importante del respeto con que los dramas se trataban en la crítica era la admiración implícita por la integridad artística de los dramaturgos que no se dejaban influir por el éxito fácil. Gabaldón notó con respecto a *Los malcasados*, de José López Pinillos, por ejemplo, que él "construía sus dramas cara a la realidad, y aun buscando en ella a veces lo deforme, lo pantanoso y repulsivo, nunca lo disfrazó con fáciles concesiones al público" (23/II/23, 24). Siempre en la línea del realismo teatral, la comedia constituía un mimetismo adulterado a fuerza de ser ameno; la dulce reintegración social de los protagonistas momentáneamente extraviados. El drama, en cambio, no escamoteaba el desajuste social que acababa en la ruptura. Si la *hamartia* sometida a la fatalidad podía ser una de sus líneas principales en la vertiente de la tragedia, también se prestaba a la crítica de las injusticias sociales. Era por naturaleza un género menos conservador y más tendente a la crítica social comparado con la comedia. La ejemplaridad también se contaba entre las virtudes dramáticas, y así se alababa la obra "humana, de observación y de enseñanzas provechosas, los personajes bien vistos y fielmente llevados a la escena" (12/IX/20, 17).

En cuanto a los personajes, la crítica afirmaba que el drama representaba al ser humano en sus dimensiones más profundas y permanentes. Se elogiaba el drama que tenía entre sus méritos "la huella humana de sus personajes, animados por pasiones y sentimientos eternos [siendo esto] principalmente lo que, como veraz expresión de la vida, da carácter permanente a la obra dramática" (1/I/32, 81). Este reconocimiento del papel clave del desarrollo de los personajes explica la notable atención dada a ellos. Las recensiones llamaban la atención sobre los "personajes envueltos en el largo y evolutivo proceso de sus atormentadas conciencias" (12/X/29, 39).

La veracidad del drama, elemento tan consistentemente notado en la crítica, correspondía a su condición de representar las dimensiones dolorosas de la vida, rasgo fundamental que quedó sintetizado en la descripción de una pieza como "acción palpitante, nervios, vida, dolor y muerte" (22/IV/23, 31). Presentaba "la emoción intensa" (26/X/24, 35) y era el "realismo doloroso y vivo" de la "realidad sin mixtificaciones" (10/XII/18, 20).   Una valoración aristotélica de la catarsis subyacía estas referencias a la presencia de las emociones fuertes.   Y así, si se recomendaba la obra donde "hablan desnudas las almas y las pasiones son como fuerzas ciegas" (9/III/23, 24), era porque se concebía el interés de presenciar el dolor sin disfraces como un valor estético que hablaba a los espectadores de su propia intimidad.

Mas aunque se elogiaba la eficacia con que el drama podía conmover a sus espectadores, la crítica exigía que esto se realizara sin que el dramaturgo cediese al efectismo.   Se criticó, por ejemplo, *El hijo del amor*, de Henri Bataille, adaptado por López Alarcón y Alejandro Mackinley, porque "subordinaba al efecto la expresión del verismo". Según la crítica, toda la obra de Bataille "adolece de este mal técnico, que no era fruto de la inconsciencia sino del convencimiento que había recogido de que a la sencilla receptividad de las multidudes se llega con más rapidez con la sensación que con el ideario" (1/IV/22, 25). Había algo de elitismo estético en esta y otras referencias a las concesiones artísticas hechas a las expectativas del público.   La recensión de *La cabra*, de Martí Orberá, se refirió a los "éxitos fáciles" que él habría podido obtener si "se [lo] hubiera propuesto", destacando el hecho de que había "preferido siempre, y esto dice mucho en pro de su honradez artística, ver la Naturaleza y la realidad tal como se le ofrecen, sin mistificaciones, ruda y fuertemente" (9/III/23, 24).   El éxito fácil estribaba primero en "el elemento pasional", y segundo en la tendencia, también condenada, a dividir los personajes en "dos grupos opuestos, uno de malos y otro de buenos" (3/III/28, 37; 12/X/18, 17). Estos eran rasgos del melodrama, género asociado con los espectadores de las capas populares, esto es, 'las multitudes'.

A pesar de la afirmación constante del verismo como un aspecto fundamental del buen drama, no se negaba que esta cualidad estaba sometida a su vez a otros criterios estéticos. La reseña de *Fuente escondida*, de Eduardo Marquina, por ejemplo, subrayaba que el "vigor y humanidad, realismo, armonizado con la idealización artística de sentimientos eternales en el mundo son en *Fuente escondida* claros y precisos exponentes" (18/I/31, 50). La idealización templaba así la cruda realidad, como en el drama *La casa de las lágrimas*, de Joaquín Montaner, donde

> los caracteres y las fases de la evolución dramática han sido trazados por un clínico, por un escrutiñador de almas, con un sentido de la observación tan exacto y un dominio de la técnica teatral tan contrastado, que *La casa de las lágrimas* da, a partir del segundo acto, la impresión anticipada de una obra armónica, extraída de la propia entraña de la vida (15/III/19, 20).

Sin el refinamiento del lenguaje y la discreción moral en el comportamiento representado en las tablas, el público y también la crítica condenaban el mal gusto de la obra. Así, por ejemplo, *Las ilusiones de la Patro*, de Pilar Millán Astray "corrió varia suerte, contribuyendo a ello ciertas crudezas de expresión en el lenguaje, que rechazó el público, y que no son menester, porque el realismo del diálogo pierde por eso su auténtica forma y estilo" (30/VIII/25, 37). Igualmente, se censuró *La hija de nadie*, de Amichatis y Montero, como "una equivocación" porque era "una historia vulgar que, llevada a la escena en un proceso folletinesco, sin bellezas de léxico, acaso por el propósito de copiar la realidad, ni siquiera produce emoción; la emoción artística que juzgamos indispensable para hacer odiar el delito y que se compadezca al delincuente" (7/IV/23, 23). Cuando esta "emoción artística" estaba presente, en cambio, la posible representación de un aspecto repelente de la realidad se redimía, como en una pieza de Florencia Sánchez, sobre la que se apuntó:

> muestra tan a lo vivo aquellas lacras, que hay momentos en que la descarnada realidad repugna a nuestros sentimientos, y sin querer, reconociendo sus indiscutibles valores, su técnica prodigiosa y maestra, volvemos la vista hacia *Barranco abajo* porque allí, aunque

también está la dura realidad presente, un hálito de poesía le perfuma con la emoción más honda y fuerte (15/I/21, 17).

Evidentemente, la expectativa de la verosimilitud, combinada con la de una interpretación que la redimía de la realidad excesivamente cruda, podía crear ambigüedades en la interpretación crítica. Esto era especialmente marcado en el tratamiento del lenguaje. Por un lado se rechazaban las crudezas de expresión y se esperaba cierta infusión artística; por otro, también se censuraban los excesos efectistas, recomendando un lenguaje de mayor naturalidad. La solución ideal parecía quedar en la síntesis de una estilización diáfana en su comunicación de la verdad humana, como en este elogio de *La ermita, la fuente y el río*, de Eduardo Marquina, cuyo lenguaje

> embellece la obra con las galas de una poesía a un tiempo modelo de sencillez y de claridad; de una poesía, de tan íntima transparencia, que nos hace sentir la más leve vibración de aquellas almas, cómo piensan, cómo sienten, cómo hablan, acomodándolas a la verdad de su lenguaje que remonta el poeta con altos vuelos de lírica efusión (17/II/27, 15).

En la actuación también se pedía la apariencia de naturalidad, así en la alta comedia como en el drama, recomendándola frecuentemente en términos de la compenetración entre actor y personaje. Se alabó a Enrique Borrás—figura vista como preeminente en el arte dramático del período—observando que

> Borrás, que no procede nunca por improvisación, que no es un actor que fíe a la memoria la inspiración de sus personajes, necesita apoderarse de ellos, vivirlos algún tiempo, compenetrarse hasta llegar a su más íntima posesión, y entonces, a diferencia de otros comediantes que quizá influidos por el tedio de representar muchas veces una misma obra van borrando todas sus líneas y matices, es cuando estamos seguros de que Borrás habrá de ofrecernos algo definitivo y fundamental en su arte (29/IX/18, 14).

En cambio, se censuraba el "defectuoso tonillo declamatorio, de forzada ingenuidad", y el aprovechamiento de "los efectismos fáciles" que, con respecto a la actuación, eran caracterizados como "latiguillos de acción" (21/IV/23, 22).

La puesta en escena del drama, como en el caso de la alta comedia, llamaba muy poco la atención crítica. Su función era la de suministrar un marco adecuadamente verosímil para la acción, lo cual se realizaba de una manera tan rutinaria que apenas recibía una mención sumaria al final de la reseña, como esta valoración que termina la recensión de *La diosa ríe*, de Carlos Arniches: "Los decorados, de Bürmann, dignos de su prestigioso nombre" (1/I/32, 81).

La expresión de las hondas emociones, realizada de una manera natural dentro de un marco verosímil, era un valor aristotélico reconocido por la crítica de *ABC*. En la técnica teatral referente al drama también se afirmaban otros valores aristotélicos, celebrándose la sobriedad y el desarrollo directo, sin divagaciones ni episodios. Representativas de la admiración por estas cualidades son estas líneas sobre el drama *Embrujamiento*, de José López Pinillos:

> Nada hay en el drama que se escamotee ni soslaye utilizando el cómodo procedimiento de las referencias, ni tampoco queda a la responsabilidad del autor el comentario de los sucesos, con divagaciones más o menos hábiles; todo, absolutamente todo, ocurre y se resuelve ante el público, desde que el drama se inicia, rápida, bruscamente, hasta el final, sin que decaiga un instante su interés. Ni episodios que distraigan o desenfoquen lo substancial del drama, ni perifollos de retórica; el drama, sobrio, sintético va en línea recta hacia su desenlace (22/IV/23, 31).

Así, pues, la sencillez, la verosimilitud y la emoción profunda se contaban entre los valores esenciales del drama, de modo que se celebraba la pieza donde nada era "superfluo" y "la visión dramática se empareja con la realidad, es vibración y temperamento, sobriedad y sencillez, choque de sentimientos, porque cada uno habla desde su mundo" (14/IX/35, 45). Estos criterios, junto con los demás valores mencionados—la evidente admiración por las obras de propósitos serios, la representación penetrante de la condición humana, la catarsis, el desarrollo directo y lógico—acercaba la crítica diaria en *ABC* a la postura estética de los críticos examinados en el primer capítulo, enraizados todos en la tradición aristotélica occidental.

Resumen

Queda evidente que la primera respuesta crítica frente a la cantidad de obras reseñadas era la información.   El reseñador se limitaba a un criterio informativo: identificaba el género; ofrecía una breve descripción del carácter de los personajes, si había algo que notar; esbozaba el argumento; describía la reacción de los espectadores; indicaba si era competente o no la actuación.

El criterio crítico, cuando se ponía de manifiesto, respondía a principios aristotélicos; el drama y la alta comedia se valoraban por encima de los otros géneros y las recensiones más extensas respondían a estas formas.   Como era el caso con la crítica examinada en el primer capítulo, los críticos de *ABC* elogiaban el conflicto dramático verosímil, basado en caracteres convincentes, desarrollado con sobriedad e ingenio.

Pero la crítica se mantenía flexible, aplicando el principio del idealismo artístico.   Enjuiciaban las obras de acuerdo con los propósitos evidentes en ellas.   Estos propósitos a su vez determinaban el género de las piezas, y para cada género el crítico se dejaba guiar por las convenciones que le parecían apropiadas.   La comedia, cuando no ofrecía una dimensión seria, se admiraba por su amenidad, sutileza, buen gusto, gracia, finura, y destreza de construcción.   El melodrama policiaco se valoraba en términos de su efectismo.   El sainete y la zarzuela se enjuiciaban según su costumbrismo, comicidad, sentimiento y lirismo.   Se consideraba la revista como un espectáculo visual y auditivo, mientras que se acercaba a la farsa cómica sobre todo de acuerdo con su jocosidad, aunque a veces, cuando los resultados parecían inadecuados, los críticos censuraban el exceso de chistes, caricaturas, estereotipos y abusos de la lógica del argumento.

CAPITULO III

AUTORES, TEMAS SOCIALES, INNOVACIONES Y GABALDON EN LA CRITICA DIARIA

En el capítulo anterior examinamos las expectativas genéricas de la crítica diaria en *ABC*. No todas las tendencias teatrales evidentes en las reseñas entre 1918 y 1936 se pusieron de manifiesto así. Autores, tentativas y temas había que trascendían un acercamiento genérico. Así es que, para apreciar mejor los contornos de la estética teatral de las reseñas diarias en *ABC*—los límites de su acomodación a las normas escénicas frente a la posibilidad de fomentar una renovación teatral—examinaremos el tratamiento de algunos de los autores de más influencia en la escena, contrastando esto a su vez con la recepción crítica de la innovación aportada por obras vanguardistas. Pasaremos al estudio de las expectativas críticas relacionadas con temas sociales y concluiremos el capítulo con un perfil de Luis Gabaldón, el crítico principal de *ABC*.

Comenzamos estudiando la recepción crítica de cinco dramaturgos: Carlos Arniches, Pedro Muñoz Seca, Joaquín y Serafín Alvarez Quintero, Jacinto Benavente. Según Dougherty y Vilches de Frutos, éstos figuraban entre los autores más rentables a principios de los años 20, y sin duda, ellos encabezaban tendencias teatrales importantes en la época.[1]

Carlos Arniches

Entre los cinco dramaturgos indicados como significantes así por la presencia constante de sus obras en las tablas como por lo que sus obras nos pueden señalar en cuanto a la estética crítica, Arniches recibió el tratamiento menos extenso en las recensiones. No obstante, lo que se elogiaba, así como lo que se criticaba en su obra es revelador con respecto al horizonte de expectativas de la crítica diaria en *ABC*.

Se encontraba estimable el arte de Arniches en la composición de tragicomedias, y se hacía resaltar su habilidad de combinar la comicidad con cierto fondo patético en los protagonistas. Sintomático era este comentario de Carmona:

> Entre las aportaciones que la musa de Arniches ha dado al teatro, una de las más valiosas es la adaptación del género tragicómico, mejor, tragigrotesco. El arte del ilustre sainetero supo descubrir en el personaje que informa ese género, una abundosa fuente de aplausos y éxitos. Para el público es realmente cautivador ese tipo cómico forzado, absurdo de comicidad, que despierta la risa con sus desahogos, y que guarda, sin embargo, un rinconcillo psicológico, donde anida, si no la tragedia, un dolor silencioso, un amor escondido o un sacrificio tácito, capaz de suscitar lágrimas entre las carcajadas de sus ocurrencias (16/XI/33, 51).

En la opinión crítica, la tragicomedia era loable porque, en comparación con la comedia, era menos evasiva en su acercamiento a la vida real. Carmona termina el ensayo citado subrayando la aportación teatral de "consecuencia" y "psicología" en las obras arnichianas. A su vez, Gabaldón describió *Es mi hombre* como una experiencia de conocimiento: "en la farsa, espejo irónico puesto ante nuestros ojos, como en la vida ocurre, van enlazados el dolor y la risa, se superponen alternativamente, y el espectador se emociona y ríe a un tiempo" (23/XII/21, 21).

Lo anterior no obstante, las expresiones de estimación son relativamente infrecuentes en comparación con los juicios desfavorables en la totalidad de las recensiones dedicadas a Arniches. Por lo general, la crítica se acercaba a Arniches como a un dramaturgo capaz de algo mejor, que optaba por el camino fácil de la comedia burda. Hasta se insinuó en la reseña de *La tragedia del pelele* que el dramaturgo no tenía coraje para escribir una obra totalmente seria y por eso recurría a los trucos teatrales y a la jocosidad (10/IV/35, 47). Se opinaba que la busca de la comicidad distorsionaba en exceso las líneas de los personajes, privándolos de la necesaria humanidad, y así, sobre *La condesa está triste*, Gabaldón notó que "carece de humanidad, y lo que pudiera ser emotivo... queda encubierto... por la abrumadora máscara de lo ridículo" (20/XII/30, 43). Ante "la desmedida persecución de los chistes, que asfixian algún pasaje y languidecen en otros" (1/XI/19, 17), la crítica recomendaba la moderación, afirmando que, frente a "los chistes de todos los calibres, que acaban por exceso" el "remedio fácil" era aligerar "algunas escenas, y así el jocundo éxito" sería "mayor en las sucesivas representaciones y por mucho tiempo" (6/VI/25, 28).

No se negaba que Arniches tenía pericia como dramaturgo, y Gabaldón hizo notar en su reseña de *La diosa ríe* "Las raras dotes que adornan a Carlos Arniches, su habilidad constructiva, la maestría en el movimiento del diálogo, su mano segura en el manejo de los resortes escénicos, su destreza en la ponderación de los efectos melodramáticos". Sin embargo, hacer constar la habilidad constructiva y la popularidad es una declaración de estimación crítica hecha a cierta distancia, y lo que se señalaba como realmente valioso era la calidad humana—ese fondo verosímil revelador de alguna condición de la vida—en algunas de sus creaciones. Así la reseña de *La diosa ríe* opinó que la pieza tenía, "sobre su contrastado mérito, la huella humana de sus personajes, animados por pasiones y sentimientos eternos. Y esto es principalmente lo que, como veraz expresión de la vida, da carácter permanente a la obra dramática" (1/I/32, 81).

Así, pues, en las reseñas sobre las obras de Arniches se hace notar, nuevamente, una orientación aristotélica en la crítica. Se encomiaba su capacidad de crear personajes de una humanidad convincente e ilustrativa de algún aspecto de la vida mientras que se censuraban las piezas donde esa humanidad desaparecía bajo una espesa capa de chistes y caricaturas.

Pedro Muñoz Seca

La evaluación de Pedro Muñoz Seca en las reseñas diarias era semejante a la de Arniches. No se podía negar su importancia como dramaturgo popular y se reconocía su pericia. Sin embargo, cuando se ofrecía una valoración crítica, ésta solía oscilar entre la desaprobación de sus excesos y la esperanza de que produjera algo mejor. No obstante, existía una tercera respuesta crítica, vista mucho menos ante la obra arnichiana, que consistía en negar la pertinencia del juicio crítico ante una obra que tenía como propósito exclusivo la producción máxima de la risa entre los espectadores. Así, en la reseña de *Los trucos*, un sainete *grosso modo*, se negaba que tuviera importancia el carácter formulaico de la pieza, afirmando que

> No importa que la nueva producción de Muñoz Seca revele más o menos directamente sus contactos con otras de índole parecida; lo importante es que por obra y gracia del diálogo, caño abierto de chistes, ocurrencias y "trucos", con y sin retruécanos, legítimos, arbitrarios, de buena y mala ley, fáciles o colocados a tenazón; por la abundancia de sus situaciones, ya cómicas, ya grotescas, y por cuanto hay en la farsa de divertido, el auditorio, y nosotros con él nos sentimos en pleno regocijo pascual (19/XII/25, 29).

La acomodación crítica a los propósitos de Muñoz Seca respondía en parte al reconocimiento de la popularidad del astracán, nutrida por él, de forma que se notó hacia el fin del período estudiado aquí que

> perderá el tiempo el crítico catequista que pretenda señalarle otros caminos que no sea el del astracán y el disparate alusivo y regocijante, porque los primeros que lo impedirían iban a ser toda esa legión de admiradores que anoche se retorcían de gusto en las butacas (22/IX/34, 43).

No obstante esta observación, parece que la crítica no podía olvidarse del todo de su catequismo, y hubo reseñas que recomendaban la moderación en lo cómico al lado de otras que huían del juicio estético. En la reseña de *Los pergaminos* se notó, por ejemplo, que "su excesiva prolijidad, la preocupación del chiste por el chiste a todo trance, por todos los procedimientos, malogra en muchas ocasiones una obra de un valor cómico incontrastable" (11/V/18, 17). Igualmente, Gabaldón observó en su reseña de *La barba de Carrillo* que, "Rebasando la línea de la caricatura, hay en la obra escenas y efectos de mucha gracia, y cosas que pesan porque son absolutamente innecesarias. ¡Si Muñoz Seca, cuyo ingenio es innegable, se refrenara un poco...!" (19/IX/18, 14).

Aun cuando el carácter de una obra muñozsequiana no se recomendaba en términos aristotélicos—como solía pasar—solicitaba la admiración crítica por la evidente habilidad del autor. La recensión de *La señorita* apuntó que

> Podrá argüirse que el conflicto dramático, base de la comedia, se desarrolla a espaldas de la realidad, entre caracteres ausentes de la vida, y que la acción cómica llega en algunos momentos a confundirse con la caricatura; pero es innegable que allí está presente un excepcional hombre de teatro, que conoce el difícil arte de llegar directamente al público con los más lícitos recursos (12/III/22, 30).

El reconocimiento del talento de Muñoz Seca, explicación y fundamento de su popularidad, se consideraba como un deber crítico, aun en los casos de la obra primariamente jocosa. De forma que Gabaldón, ante la evidente recepción favorable por parte del público, declaró que "tal influencia, ni es caprichosa ni puede improvisarse, y reconociendo esta virtud, habremos hecho su mejor elogio, y al propio tiempo nos inhibe de toda función crítica" (7/XII/20, 20).

No obstante, la renuncia a la "función crítica" tenía límites evidentes. En la vertiente positiva, a veces una obra revelaba "una loable preocupación por buscar en la humana órbita de sentimientos y pasiones algo más que sugestivos artificios" que la colocaba en "otras zonas superiores a su corriente producción" (24/XI/23, 27). De vez en cuando se estrenaba una obra de mérito conforme a los criterios del mimetismo unido al buen estilo, de modo que *La verdad de la mentira* fue evaluada como

> en su género la mejor comedia de Muñoz Seca y una de las más felices del teatro cómico por su fondo intencionado, por la directa observación de la realidad, por la gracia suelta y limpia de su diálogo, por la regocijada amenidad de sus escenas, por la discreta ponderación de sus valores y hasta por la justa medida de sus proporciones (1/I/19, 17).

En la mayoría de los casos, si había elementos estimables, también estaban presentes sus contrarios, de forma que "al lado de un manojo de flores de ingenio hay un atadijo de cardos sin substancia; y junto a verdaderos aciertos de observación, resueltas extralimitaciones de la lógica" (30/XII/33, 43). Así es que eran muy frecuentes las referencias a los excesos en la obra muñozsequiana. La crítica se quejaba ante el astracán de que las figuras se desdibujaran "en fuerza de exagerar las líneas" y el diálogo perdiera su "naturalidad con el rebuscamiento del chiste" (16/V/22, 22). Si algo "interesante" se iniciaba, como un "conflicto humano entre dos abuelos de carácter muy distinto", por ejemplo, luego se diluía "entre lo jocoso y lo grotesco" (16/XII/24, 28). Gabaldón criticó a Muñoz Seca, declarando que éste había olvidado "una cosa importante, lo peligroso que es promiscuar, aportando a una comedia bien orientada y de nobles propósitos elementos absurdos, intervenciones episódicas, que desentonan, con gran daño de la acción substantiva" (17/XI/21, 23).

"Floridor" también lo censuró por las obras vistas como inaceptablemente ofensivas: "El público acepta todo en el teatro a condición de que se le ofrezca vestido con arte, con ingenio o con gracia; pero lo que no admite en modo alguno son las cosas de mal gusto. Los autores confundieron de un modo lastimoso lo bufo con lo repulsivo" (29/X/21, 21). Mientras que la discreción le prohibía a Gabaldón ser más explícito en sus referencias al mal gusto, lo cual seguramente habría sido de interés respecto de los límites de la estética crítica, el juicio citado sí es revelador en su resumen de los requisitos indispensables: arte, ingenio, gracia. Estos, sumados a la admiración por la "realidad" captada en algunas obras, y la desaprobación de lo episódico y de la caricatura que deforma excesivamente dicha realidad, plantean los criterios fundamentales con que se medían las comedias. La popularidad de Muñoz Seca, pese a la frecuente ausencia de cualidades recomendables según la crítica, hacía difícil el rechazo absoluto, de forma que muchas reseñas se centraban en citar la habilidad teatral de Muñoz Seca, su capacidad de "llegar a su público", y el reconocimiento de que aun los disparates pedían talento en su construcción. Pero, no obstante la suspensión ocasional del juicio crítico, muchas eran las expresiones de desaprobación suscitadas por las obras de Muñoz Seca.

Joaquín y Serafín Alvarez Quintero

Entre los dramaturgos cuyas obras estaban en escena casi constantemente, Joaquín y Serafín Alvarez Quintero merecían una valoración crítica rivalizada sólo por Benavente.[2] Para Gabaldón, eran los "príncipes de nuestra escena, triunfadores siempre", y sus obras siempre respondían "a una noble elevación de pensamiento", (4/XI/22, 23; 31/X/18, 25). Las reseñas desfavorables sobre sus obras eran escasas, y solían ser suavizadas con el reconocimiento de su eminencia teatral. La recensión de *Novelera*, por ejemplo, observó que "con todo el respeto y admiración que profesamos a tan esclarecidos ingenios, la verdad es que *Novelera*, nacida con la más noble aspiración artística, ha sido en su realización poco afortunada" (8/XII/28, 36) Más detallada era la crítica de *Las vueltas que da el mundo*, que, después de mencionar la "brillante historia" de los hermanos Quintero, caracterizó aquella obra como una "infausta jornada" debida a "un proceso transparente, una obra pobre de técnica, prolija en exceso, y un asunto sin originalidad" (4/XI/22, 23).

Por regla general, sin embargo, la crítica resaltaba el realismo quinteriano, alabando su habilidad de captar los matices ambientales

—generalmente andaluces—y encomiando la verosimilitud, así de los protagonistas como de los tipos episódicos, interesantes éstos por sus particularidades costumbristas. Son típicas estas observaciones: *La prisa* es una "primorosa comedia... escrita ante el espejo de la vida, donde los personajes no son convencionales y absurdos muñecos, sino seres animados por el soplo de la realidad, que hablan, discurren y se mueven tal y como son en el escenario del mundo"; respecto de *La del dos de mayo* se apuntó que "Sin falseamientos de la realidad, copiando de la vida tal cual es en sí... los hermanos Alvarez Quintero... han compuesto un cuadro muy entonado, en el que todas las figuras, aun las más insignificantes son humanas y se mueven y se comportan como en la vida misma" (20/XI/21, 28; 6/XI/20, 20).

El estimado realismo de los hermanos Alvarez Quintero tenía poco que ver con el que se asociaba con el naturalismo de Zola. Es decir, en vez de abordar la realidad cruda o fea, el realismo quinteriano era más bien una idealización: un optimismo empedernido, portador siempre de la ilusión de la felicidad universal. Esto, lejos de ser un defecto para la crítica, era la esencia de su éxito teatral:

> [A los Alvarez Quintero] se les suele reprochar el hiperbólico optimismo de su ángulo visual, y ésta es precisamente la razón de su fuerza y de su privanza en el público, porque extraen de la vida lo que hay en ella de bueno, de agradable y de eufórico, que la objetividad quinteriana no puede enraizarse nunca en lo pesimista. La Humanidad por ellos creada es de otro barro. Ellos modelan sus criaturas, dotándolas de cuantas perfecciones morales acreditan el lema quinteriano de "¡Alegrémonos de haber nacido!", que resume todo su teatro (29/IV/33, 41).

Los hermanos Alvarez Quintero solían realizar su teatro optimista con una técnica también admirada. A pesar de la reseña mencionada arriba que criticó "un asunto sin originalidad", esto era excepción a la regla por la que la técnica quinteriana redimía el asunto parvo. Así, respecto a *El peligro rosa*, se notó que

Lo fundamental no está en el hecho, sino en el arte,

en la fina gracia de la composición de escenas y figuras, del ambiente, realizado con dinámica alegría, en la
diversidad de sus episodios y en la donosura del
diálogo, espejo fiel al que asoman su rostro los personajes quinterianos (3/X/31, 42).

Asimismo se apuntó que "Sólo las hábiles manos de los Quintero
pueden dar proporciones de comedia a cosa de tan reducido volumen
como *El susto*, poco más de un entremés, si bien se mira, y convertir
en materia deleitable un episodio vulgar" (29/IV/33, 41).

Sintomático de los elogios críticos era el énfasis constante en la
gracia de su obra. *Lo que hablan las mujeres* estaba caracterizada, por
ejemplo, "por la fragancia del ingenioso y sutil diálogo, el garbo y
donaire en el perfilamiento de tipos y caracteres, y cuanto hay en ellos
de humano rastro" (30/XI/32, 59). Vista la falta general en las reseñas
de referencias a un trasfondo serio, las muchas observaciones sobre la
habilidad quinteriana servían para eximir a los dramaturgos sevillanos
de la necesidad de aportar un asunto de más importancia. A menudo
el lenguaje figurativo aplicado a sus obras se valía de metáforas flo-
rales. Respecto de un estreno, Gabaldón comentó, por ejemplo, que los
hermanos Quintero habían "arrancado de su jardín las frescas rosas de
Lo que hablan las mujeres, que ambientan y odoran el escenario de Lara"
(30/XI/32, 59). Para los revisteros de *ABC*, a falta del planteamiento
de una problemática seria, la obra quinteriana apelaba primariamente a
la sensibilidad, como una flor, perfumando el escenario con su belleza,
su alegría efímera, su color y—empleando la sinestesia de la reseña
citada—el aroma de su diálogo.

En suma, los hermanos Quintero se colocaban entre las primeras
figuras de la dramaturgia española según el criterio de *ABC*. Aportaban a la escena un "realismo" idealizado—a menudo costumbrista—en sus piezas y, aunque faltaba en ellas la problemática instruc-
tiva también valorada de acuerdo con la estética aristotélica, ellos se
redimían por la alegría optimista y la gracia y donaire de su técnica.
La admiración por los Quintero evidente en las reseñas, el elogio de su
optimismo y el aprecio de su técnica son aspectos de la crítica diaria
reveladores del acoplamiento crítico con las expectativas teatrales de su

público. A éste, le gustaban las obras verosímiles sí, pero de una verosimilitud sometida a convenciones genéricas, al placer estético y a las idealizaciones románticas de un teatro dedicado a la diversión, la amenidad y la afirmación de la felicidad en la escena. En Joaquín y Serafín Alvarez Quintero estos valores encontraban su expresión preclara.

Jacinto Benavente

Se reconocía a Jacinto Benavente como la figura preeminente de la dramaturgia española en los años 20, y la admiración por su obra era constante y marcada en las reseñas de *ABC* dedicadas a sus estrenos. La recensión que Gabaldón le dedicó en 1932 todavía se refería a "lo inmarcesible de su lozanía mental" que colocaba a Benavente "en la más alta jerarquía de nuestra dramática" (30/XI/32, 59). En otras ocasiones se hizo notar su "dilatada y gloriosa carrera" (5/IV/31, 49) y su resaltada habilidad para captar esa cualidad profundamente humana que constituía la literatura seria según los críticos de *ABC*:

> La portentosa agilidad mental de Benavente transparenta en esta comedia espiritual, vestida con innumerables bellezas de concepto y de frase, todas las pasiones, todos los dolores, todos los anhelos, en fin, de esta tragicomedia humana, que ríe, clama, llora y se agita en procelosas y complejas inquietudes (12/I/19, 21).

La admiración por la contribución benaventina al teatro serio es evidente también en este comentario sobre *Una pobre mujer*: "Responde a la manera benaventina, de contener en breves cuadros los dramas más hondos de la vida, trazados con tan sobria como vigorosa intensidad". Es un drama de "viva y punzante realidad, y por lo mismo, cruel y amargo, que habla a nuestra piedad y conturba a nuestro corazón" (4/IV/20, 11).

La crítica también señalaba los elementos de renovación que Benavente aportaba a la escena. Con respecto a *La duquesa gitana* y *La*

moral del divorcio, Gabaldón notó "su constante preocupación de rivali-
zar consigo mismo, atento siempre a cuantos problemas dicen inquietud y modernidad" (30/XI/32, 59).   Unos años después, Carmona
señaló también la habilidad de Benavente de ajustar su arte a las tras-
formaciones del día, observando: "Es de los pocos autores nuestros que
acomodan su arte al ritmo de los acontecimientos, y no como esos
otros indiferentes a la evolución del mundo que ajustan los acontecimientos al viejo ritmo de su arte" (19/I/35, 44).   Esto no significaba
que Benavente sacrificara sus propósitos artísticos a la moda del día,
según Gabaldón.   Al contrario, él se dejaba guiar "raras veces por el
fácil aplauso de las mayorías".   "Floridor" afirmó la integridad artística
benaventina, declarando que él escribía "sin pensar en otra cosa que
satisfacerse a sí mismo por gusto, por capricho..." (3/V/19, 21).

Muchos de los elogios de Benavente subrayaban la importancia de
los diálogos en su obra.   Lejos de enjuiciarlos como manifestaciones de
palabrería o de una verbosidad excesiva, la admiración por ellos era
casi constante.   Así, aun en un comentario que hizo notar que el
"conflicto dramático, más fuera de la comedia que dentro", respondía
"a la actual manera de hacer del maestro", esta manera se calificó
como "forma sintética, esquemática, pero en la que siempre el diálogo
nos habla del humorista, del pensador y del poeta en abrillantadas
frases y conceptos" (11/X/25, 37).   En otra ocasión Gabaldón notó que
"La gracia epigramática y florida, el verbo satírico de Benavente pirue-
tean en el diálogo, tan natural, tan elegante, tan señor, en el que
cabrillean los altos pensamientos junto a mordaces y atrevidos conceptos" (22/XI/28, 33).

Raras veces, la primacía del diálogo sobre la acción suscitó un
juicio negativo, y esto sorprende, dada la supremacía de la acción en
la crítica aristotélica.   Uno de los escasos ejemplos es la recensión de
La virtud sospechosa, donde se contrastaron irónicamente las virtudes y
los defectos de la obra:

> ni un sólo momento dejó de estar presente en la obra
> el ilustre autor, disertando con la superabundancia de
> su ingenio, sobre la sociedad del día, el amor, el

honor, la virtud, lo viejo y lo nuevo, con bellos y verbosos conceptos, dignos siempre de su luminosa mentalidad. Al través de estos varios temas de conferencia, y de la espiritual prédica, deteníase el fatigoso curso de la comedia (21/X/24, 27).

A pesar de la referencia anterior a la cualidad predicadora de la obra benaventina estrenada en los 20, sus disquisiciones se estimaban en la crítica más de lo que se censuraban. Una excepción era la reseña de *Por ser con todos leal, ser para todos traidor*, en la que Gabaldón opinó que "El teatro político, en cualquiera de sus modalidades, será siempre un teatro circunstancial y, por lo tanto, pasajero" (6/III/19, 23). Por otra parte, Gabaldón negó que Benavente tuviera un programa político en su teatro en general. El crítico opinó que

> las más contradictorias ideas políticas y sociales se agitan en el teatro de Benavente... [él] no es en puridad sino un espectador, que es al fin el papel mejor repartido de la comedia humana. Y como espectador ha ubicado en cuantos problemas se ofrecen a la disección de su privilegiada pluma; él procede sin ningún criterio partidista (5/IV/31, 49).

El encomio de una postura estética divorciada de criterios partidistas es en sí significativo con respecto a consideraciones ideológicas, y como tal, este tema será examinado en la sección de este ensayo dedicado a la recepción de temas sociales en la crítica. En lo referente a Benavente, sugiere la posibilidad de que existiera una coincidencia entre la ideología expresada en las obras benaventinas y la de la crítica diaria.[3] Al margen de la importancia de lo político en el arte benaventino, la crítica en *ABC* generalmente estimaba el trasfondo moral de sus obras vistas como predicadoras. Evidentemente, esta dimensión edificante, fundada en la técnica realista y el arte benaventino lleno de "todas las armas de su ingenio: emoción, poesía, humorismo, humanidad", situaba bien al autor entre los preeminentes dramaturgos del arte serio. La estimación por Benavente era tanta que se afirmaba que él podía tomar un asunto que, tratado por un "talento vulgar", "hubiese quedado en una sucesión de reyertas conyugales por el predominio en el hogar", y elevarlo: "su ingenio feliz sabe llevar la liviana discordia a alto rango filosófico y deducir de ella enseñazas de conducta y formas inesperadas de nobles sentimientos" (13/I/34, 45).

Por una parte, para la crítica, el arte redimía las predicaciones de la obra benaventina, y así los revisteros ofrecían juicios de encomio como este: "Resaltan, claro es, junto a lo discursivo y moralista, en la belleza de sus conceptos, las punzantes alusiones a los afanes de cada hora que se agitan en la vida moderna, la buída intención entre dardos de ironía, ágiles acrobacias del ingenio de Benavente" (12/III/31, 23). Por otra, bien es probable que los valores de la crítica coincidiesen con el trasfondo moral presentado.   Este solía aportar una postura moral conservadora sobre la sociedad española.   Por ejemplo, *No juguéis con esas cosas* trataba de "la familia, el amor, el matrimonio", lo cual suscitó esta opinión por parte del crítico: "No; no se puede jugar con el matrimonio... No puede tomarse a juego la familia; lazos de sangre, fundamento de cualquier sociedad; apoyo, defensa y consuelo" (19/I/35, 44).

En resumen, se consideraba que Benavente era el mejor dramaturgo de su época, y su arte ejemplificaba la síntesis de trasfondo humano y del estilo, principalmente en la realización del diálogo.   La crítica en *ABC* lo trataba con una estimación que lindaba con la reverencia, censurándolo pocas veces por la falta de acción o por la predicación.   En cuanto a este último elemento, parece que los valores representadas en las obras, los de los espectadores y los de la crítica coincidían hasta tal punto que el fondo moralizador se veía como una virtud fundamental de la obra benaventina.

Temas sociales

La cuestión de la reacción crítica al fondo moral y a las intenciones políticas en la obra benaventina pide una valoración de la postura crítica ante todas las obras reseñadas. Son evidentes tres tendencias en las reseñas diarias: la afirmación del valor artístico de una obra por encima de cualquier tesis social o moral; la censura de las obras programáticas no redimidas por sus cualidades artísticas, fuesen de la derecha o de la izquierda; unas indicaciones de conservadurismo socio-político y moral subyacentes que de vez en cuando contradecían las primeras tendencias enumeradas.

Ante las obras comprometidas, donde, a juzgar por las reseñas, la tesis sobrepesaba la verosimilitud, el interés anecdótico y el efecto emocional, la crítica se distanciaba de la obra, declarando que el cometido del reseñador—el de juzgar el valor artístico—no era apropiado a los propósitos autoriales. Así, por ejemplo, primero Gabaldón describió *¡Responsables!*, por Luis Antón de Olmet y Joaquín García, como un melodrama

> escrito al margen de graves cuestiones nacionales de la más palpitante actualidad... aportando a la obra comentarios y juicios personales, cuanto en la calle, en el periódico, en el mitín, en la vida toda se ha dicho y se viene diciendo acerca del desastre, de sus causas y de la depuración de responsabilidades.

Entonces observó que "toda función crítica, dada la índole de esta obra nos parece ociosa, y así habremos de limitarnos a señalar que los autores lograron lo que se proponían, colocando ante el público el espejo de la realidad" (3/II/23, 25).

La referencia al "espejo de la realidad" se hacía como antinómica al arte en este contexto, y tal empeño le parecía problemático a los reseñadores de *ABC*. Así se declaró ante *El fantasma de la Monarquía*, por Delgrás, que el autor

> mezcla lo imaginativo, que es la única parte dramática de su obra, con lo que aspira trasuntivamente a ser una alusión directa a los episodios, harto conocidos, del derrumbamiento de la Monarquía española. Y como la aleación de materias tan contrarias es muy difícil y requiere un extraordinario talento de creador de teatro, *El fantasma de la Monarquía* se queda en uno de aquellos *raisonnements politiques qu'endorment* que zahería el doctor Pangloss una vez que discurseaba sobre temas de teatro (12/VIII/31, 41).

El teatro comprometido que fracasaba como arte no era privativo de una perspectiva política. Por un lado, por ejemplo, se acusó a *Andalucía la brava*, por Eladio F. Egocheaga, de ser "una literatura mitinesca y partidista de inferior populachería" (14/I/33 45). Por otro, también se condenaban por razones semejantes algunas de las piezas de Manuel Linares Rivas. Igual denuncia se hizo de *Por tierra de hidalgos* que de *Por ser con todos leal, ser para todos traidor*, de Benavente, citado arriba. La obra de Linares Rivas se acusaba de ser "una comedia esencialmente política, una comedia de circunstancias". Se notaba la falta de verosimilitud en la obra, donde todos los personajes parecían comportarse y hablar de acuerdo con un propósito didáctico:

> Como los personajes de la comedia van asidos a la mano del autor, es natural que piensen, hablen y se produzcan como éste quiere, y de esta suerte todo se desenlaza con envidiable cordialidad y el mismo ferviente deseo que se trasluce en tan bien intencionados alegatos" (21/I/34, 57).

Asimismo el reseñador "C" se quejó, reaccionando al estreno de *Todo el mundo lo sabía*, de que, "durante dos actos interminables [Linares Rivas] hace polemizar a sus estólidos personajes en torno a la moral y a la política—con alusiones a los problemas actuales de España—desde un punto de vista conservador..." (28/XI/31, 42).

Como alternativa al teatro excesivamente programático se planteaba la posibilidad de exponer casos verosímiles que dejaran abierta al público una interpretación política menos explícita e intencionada. En la reseña de *Todo el mundo lo sabía*, por ejemplo, "C" declaró que

> En estos casos el verdadero dramaturgo se limita, sin verborreas, sin alegatos, sin estrujar su ingenio en busca de una dialéctica, sin polémicas, sin argumentos en pro ni en contra; el verdadero dramaturgo, decíamos, se limita generosamente a exponer un triste episodio de la vida moderna. El auditorio lo deplorará o lo combatirá, o ninguna de estas cosas: se sentirá llevado por una fuerza misteriosa—que es el arte—hacia la simpatía (en el verdadero y primitivo sentido de la palabra), con independencia de todo

juicio moral (Ibid.).

Aunque los críticos se opusieron muchas veces al teatro de intenciones políticas, no siempre pasaba así. La fuerza del arte podía redimir el teatro comprometido, aun cuando el autor no se limitó tanto como el crítico recomendó en la reseña citada arriba. Sobre *Orestes I*, por Ximénez de Sandoval y Sánchez de Neira, obra que fue descrita como una sátira política, se afirmó que "vaya por delante que el intento de escribir algo que descubra una fisonomía nueva, que se aparte de la cotidiana vulgaridad, ya merece ser acogido con aplauso". Además, agregó Gabaldón, aunque "el teatro político, ya como ideario, ya como tema para la observación humorística", no tenía entre los españoles, "como en el extranjero, ensayistas ni cultivadores", de todos modos "debiera interesar a los autores españoles". Lo importante, según Gabaldón, era, en combinación con el arte, que la pieza tuviera cierta objetividad autorial que le permitiera trascender de un carácter meramente circunstancial. Así él pudo elogiar a *Orestes I* por su "universalizado tema" aunque "muchos de los exponentes de la farsa coinciden con nuestra vida política, social y costumbrista" (22/XI/30, 38-39).

La crítica diaria en *ABC* oscilaba entre la censura del teatro donde predominaba el mensaje político y la admiración del teatro de realización estética sin cotizar la afiliación partidista de la obra teatral. Sin embargo, no se puede deducir exactamente cuáles eran las combinaciones político-estéticas aceptables. Los límites éticos, así como los estéticos, se notan sólo indirectamente y de una manera fragmentaria en las reseñas de obras particulares, y por consiguiente la relación implícita entre valores éticos y políticos y los criterios artísticos de *ABC* no llegan a ser más que especulaciones realmente incapaces de resolver contradicciones tales como, por ejemplo, la frecuente censura de las obras políticas por un lado, y, por otro, la opinión que el teatro político es una modalidad que se debía cultivar más en España.

Otra contradicción era la aparente objetividad de una crítica cuyas tendencias ideológicamente conservadoras también se manifestaban de vez en cuando en las recensiones.   Así, por ejemplo, se podía condenar el teatro mitinesco en una reseña que elogiaba a Benavente por su imparcialidad, declarando que

> Si el autor de teatro interpretara la vida según un criterio apriorístico, falsearía esa misma vida, que no es reaccionaria ni liberal y que teje, en cada caso, un drama distinto.   Sólo puede exigirse que el poder de ejemplaridad que tiene toda obra literaria no se emplee en ir contra los principios inmanentes del bien o de la justicia; que no se haga obra perversa o nefanda (9/XII/34, 57).

Lo perverso, lo nefando, el bien y la justicia no son, creemos, tan inmanentes como quería el autor de esta cita.   La reseña de *El otro derecho*, de Vidal y Planas, pareció reaccionar contra la violación del principio de la santidad de la vida humana.   Frente a un argumento que afirma el derecho del protagonista de matar, casándose con la viuda del hombre matado, el crítico declaró: "No podemos sumar nuestro aplauso al estruendoso que la mayoría de los asistentes al teatro Price otorgó anoche... Consideramos verdaderamente lamentable que se sorprenda la buena fe del público con obras como la estrenada anoche... porque siembran la duda y el error" (8/III/24, 28).   Sin embargo, cuando se expresó una indignación semejante ante un caso de un clérigo que "arrebató la vida a un semejante", ¿está motivado el crítico por un principio inmanente o por valores ideológicos suscitados aquí por la combinación del sacerdocio con el asesinato?   La misma recensión, escrita por el reseñador principal del periódico, hace notar la moralidad—no inmanente sino ideológica, para nosotros—subyacente a los juicios estéticos.   Afirma que

> Entendemos y entenderemos siempre que el arte, en todas sus manifestaciones, es belleza y no repulsión ni deformidad.   No hay que olvidar igualmente que la tendencia del teatro, aparte su línea estética, debe ser educadora, moral instructiva y saludable y ninguno de estos aspectos fundamentales se logran, antes muy al contrario, en el drama considerado aquí (27/III/24, 25).

Creemos que, en el fondo, había una tendencia conservadora en la crítica de *ABC*, así en las cuestiones políticas como en las morales, pese a los esfuerzos de mantener separados los juicios estéticos y los éticos. Citamos por ejemplo la reseña de *Los ateos*, por Antonio Estremera. Ante el empeño de Estremera de "hacer crítica de la irreligiosidad que 'la situación' quiere imponer a las conciencias españolas" (ya en los años de la República), la respuesta crítica indicó claramente su criterio político al declarar que la obra era una "labor... de alteza y trascendencia" a pesar de ser defectuosa en términos estéticos. La misma reseña apuntó que tal intento "merecía acompañarse de una gran comedia, y eso es lo que no ha logrado el autor de la de anoche... En *Los ateos* hay mejor voluntad que realización" (26/III/33, 57).

La respuesta crítica más frecuente ante las obras que planteaban cuestiones sociales era la de acercarse a la obra con criterios estéticos, implícita, o a veces, explícitamente afirmando la objetividad del reseñador. Por ejemplo, la recensión de *Vidas rectas*, de Marcelino Domingo, soslayó una respuesta directa a la temática para sugerir que el conflicto de clases era un tema ya trillado:

> hubiéramos preferido que *Vidas rectas* apartase de nuestro recuerdo el problema de la tierra, del capital y del trabajo, con sus exaltaciones sentimentales y retóricas y sus fracasados redentores, que ya tienen raíces y precedentes en otras obras que sería ocioso enumerar (21/XI/24, 27).

No obstante, algunas reseñas indicaron la influencia en la recensión de una ideología conservadora. Tal es el caso de la recensión hecha sobre *Nuevo horizonte*, de Fernando Duarte:

> Arrancarse a estas alturas, cuando el obrerismo está ventajosamente organizado y situado en lo social y en lo económico, con una "ponencia" dramática a favor del proletariado y contra la "execrable burguesía" sin aportación, sin un interesante aspecto, sino aprovechando, para la construcción de la comedia

materiales procedentes de todos los derribos de esta literatura mitinesca, es empeño tan ocioso como querer convencernos de que el "recuelo" tiene mejor gusto que el "moka" (9/VII/27, 33).

En el comentario citado, Gabaldón juzgaba que el tratamiento del conflicto de clases en la pieza era tan trivial como habría sido una discusión sobre sabores de café, además de afirmar que, en 1927 los obreros ya no tenían motivos para quejarse, fueran como fuesen los méritos de la obra. Esta combinación de un acercamiento formal con la disminución de la importancia de la cuestión social es, creemos, una clara indicación de una perspectiva conservadora a vueltas con la supuesta objetividad del crítico profesional.

El crítico principal de *ABC* hacía notar su postura conservadora también frente a otros temas sociales. Un indicio de su posición ante el feminismo se encuentra en *La mujer en España. Cien años de su historia, 1860–1960*, donde está reproducido un artículo titulado "El hombre, ¿está llamado a desaparecer?" Gabaldón se quejó allí de que "el feminismo lo invade todo" perjudicando la capacidad femenina de ser madre y ama de casa. La mayor parte del artículo es una sátira de las consecuencias de ver a mujeres en puestos hasta entonces ocupados por hombres (210). Otra indicación de la actitud de "Floridor", así como la de las reseñas anónimas en *ABC*, es la reseña de *Las superhembras*, por Vitorien Sardou, que afirmó:

La comedia nos muestra que por encima de todos los postulados modernos que precipitan a la mujer a reclamar imperiosamente la igualdad de derechos con el hombre, ya en el terreno jurídico, ya en el social, flotará siempre triunfante el sentimiento de feminidad, que de un modo inmanente reintegra a la mujer a su augusta función de sexo débil, de madre solícita y de compañera del hombre, depositaria sumisa y delicada del honor familiar, colaboradora con el marido en el presente y el porvenir de sus hijos, partícipe de las inquietudes del esposo, alma y eje, en una palabra, del hogar, sin que la solivianten las ficticias libertades de una civilización exótica y de un ambiente extraño a su educación y sus costumbres, que no se improvisan con teorías ni con sistemas filosóficos. *Las superhembras* podía considerarse como una obra trascendente de pedagogía social, y por ello aceptamos gustosos la responsabilidad de aconsejarla a las feministas españolas (12/III/21, 17).

Esta reseña, que bien podía tomarse como un manifiesto anti-feminista, es el ejemplo más explícito del conservadurismo social latente en la crítica diaria de *ABC* en lo que atañía al papel de la mujer. No se puede atribuirla directamente a Gabaldón, como era una recensión anónima. Sin embargo, él, colaborando con Gutiérrez Roig, adaptó *Las superhembras* al español, lo cual indica, creemos, su propia postura ideológica con respecto al feminismo.

Así, pues, mientras que los críticos generalmente procuraban subordinar su propia perspectiva ideológica a un acercamiento estético a la obra, los límites impuestos por el buen gusto y los valores sociales estaban orientados por una ideología socialmente conservadora. Esta, si bien no solía influir explícitamente en la reseña, sí formaba un punto de enlace implícito entre los revisteros y sus lectores, el cual coincidía con la perspectiva ideológica de *ABC* en general.

Teatro de renovación

Eran escasas las ocasiones cuando la crítica se enfrentó con obras vanguardistas en el teatro madrileño. El vanguardismo, visto como el intento de experimentar y plantear alternativas al teatro predominante, se veía como difícilmente rentable en el teatro comercial. Gabaldón reconoció este obstáculo a la representación de piezas innovadoras cuando apuntó que

> La dura competencia que se ven forzados a sostener los teatros, que han de defenderse dando a los espectáculos una suma variedad y, dentro de ella, lo que por ameno o pintoresco más puede halagar el gusto de las mayorías, es la mayor enemiga para todo intento de cierta significación, al que no puede llegarse con éxito sino después de un período de gradual preparación, encaminado a una tendencia (16/III/18,

13).

No obstante esta resistencia por parte de los espectadores y empresarios, los reseñadores de *ABC* evidentemente querían favorecer las obras excepcionales. Así, su postura ideológicamente conservadora no suponía una reacción parecida ante ciertas cuestiones estéticas planteadas por el teatro experimental, aunque no siempre les era fácil saber cómo reaccionar a lo nuevo. Dada la tarea de reseñar en *ABC* el estreno en Madrid de la obra vanguardista *Orfeo*, de Jean Cocteau, Luis Calvo declaró que

> Frente a la obra de Cocteau, la crítica, que, según Unamuno, juzga por precedentes—y esa es su terrible inferioridad—, no halla a mano un buen punto de referencia, y se limita a celebrar, como los chicos, a que alude el autor en su autocrítica, las gracias de un ingenio fecundo, optimista y finísimo. *Orfeo* no se parece a nada; no aspira a nada; no oculta nada. Impresiona y divierte. Su fin está en él mismo; más allá, lo desconocido, propicio a la mixtagonía; más acá, lo tangible, materia de escalpelo. Su acción dramática se desarrolla en el ápice mismo dondo se bifurca la fantasía de la realidad (25/XII/28, 41).

Sin embargo, los críticos de *ABC* procuraban responder a las obras que marcaban una tendencia de innovación teatral, y el comentario de Calvo sugería su postura crítica en tres sentidos: Primero, aludía a la recepción de la obra por el espectador ("impresiona y divierte"), y esto apunta a la función informativa de la recensión, la de dar al lector la posibilidad de anticipar su propia reacción; segundo, con el mismo propósito quizá, Calvo intentó clasificar la obra apuntando la combinación en la obra de "la fantasía" y "la realidad", pese a la falta de referentes; tercero, demostró la intención de acercarse sin prejuicios: "celebrar" con la inocencia de "los chicos", y juzgar la obra conforme a sus intenciones ("su fin está en él mismo..."), sugiriendo el idealismo artístico subyacente al acercamiento crítico, y su voluntad de acoger favorablemente algo distinto de lo conocido y convencional. La identificación de los principales elementos de innovación, la aproximación a la obra según sus propios propósitos estéticos (el idealismo artístico), y el intento de respaldar la innovación son los elementos más notables de la reacción en *ABC* frente a las obras vistas como vanguardistas.

La reseña de *Orfeo* plantea el valor de lo fantástico ante las normas convencionales de la verosimilitud, al apuntar que la acción tiene lugar

> En el espacio infinito de la imaginación. El metro de la lógica no tiene eficacia en esa zona. Y se admiten cualesquiera explicaciones filosóficas o artísticas, morales o religiosas. Es el misterio órfico, cuya revelación se hace por manera infusa dentro de la pura inmensidad imaginativa. (Ibid.)

Esta cualidad anti-lógica, que, según el comentario señalado, abría posibilidades así filosóficas como artísticas, es representativa de una vertiente innovadora en las obras vanguardistas. Otra era la renovación de la dimensión plástica del espectáculo.

Los comentarios críticos se enfocaban en la "mayor flexibilidad por lo que atañe a decorado, vestuario y movimiento de los personajes" (8/IV/33, 42). A su vez, se elogiaban las realizaciones escénicas libradas del realismo. Se citaron las innovaciones en la iluminación, como en el caso de *Brandy, mucho brandy*, donde se comentaron los "juegos de luz a lo Pitoeff" (18/III/27, 32). La decoración sintética, que sólo sugería uno o varios lugares de acción, se encomiaba como un aspecto meritorio de "un prurito bien señalado de plasticidad", evidente, por ejemplo, en *Le viol de Lucrèce*, obra presentada en la Residencia de Estudiantes por la compañía francesa de los Quince (8/IV/33, 42).

Frente a las piezas vanguardistas, los críticos intentaban mantener una postura de idealismo artístico. La intención de enjuiciar la obra innovadora de acuerdo con sus propósitos artísticos era evidente en la reseña de *Los medios seres*, por Ramón Gómez de la Serna. Se opinaba que el autor no había desarrollado adecuadamente las posibilidades vanguardistas evidentes en la apariencia de los actores—mitad blancos y mitad negros—y en el uso de un apuntador vuelto hacia el público y hecho comentador de la acción. Declaró la recensión que "nosotros hubiéramos preferido... más fantasía en el desarrollo plástico de la idea... más modernidad. Y más audacia" (8/XII/29, 51).

Pero más frecuentes que las peticiones por más audacia eran las recensiones que elogiaban los intentos de superar el arte convencional como un esfuerzo meritoro en sí. Sintomático era este comentario de Gabaldón:

> en estos días de aplebeyamiento literario, cuando, tras largas ausencias, pasan por la escena alguna vez en breve tránsito producciones dignas de consideración y aplauso, es forzoso estimular cuanto supone un noble intento, una artística interpretación dirigida a encauzar el gusto colectivo, depurándole de viciosas influencias y preparándole para más altas aspiraciones (19/XI/21, 23).

Aunque Gabaldón recomendaba la promoción de obras ambiciosas e incluía las piezas vanguardistas en esta categoría, ponía de manifiesto otras tendencias en conflicto con esta postura. Ya que hemos examinado en términos generales las expectativas genéricas de la crítica diaria, su reacción a los dramaturgos más influyentes, su postura frente a los temas sociales y ante las obras renovadoras, concluimos este capítulo resumiendo la estética de Luis Gabaldón, el crítico principal de *ABC* en el período estudiado.

Luis Gabaldón

Gabaldón respaldaba la innovación y el teatro serio, valorando la alta comedia y el drama por encima de los géneros "frívolos". Por otra parte, encontraba motivos de elogio en las farsas cómicas y las otras formas ligeras—además de colaborar en su difusión como adaptador —y mantenía una postura moral y social desfavorable a las obras que cuestionaban la ideología conservadora de su época.

Por un lado, "Floridor" compartía con los cuatro reseñadores estudiados en el primer capítulo una estética fundamentalmente aristotélica, modificada por la aplicación de un criterio de idealismo artístico. En sus reseñas, Gabaldón afirmaba el carácter mimético del arte, enjuiciando la obra según su aportación humana. Concebía el teatro como la creación de personajes verosímiles que conmovieran a los espectadores: "El autor, ante el limitado panorama espiritual de sus personajes, ha de verlos, ha de sentirlos al crearlos, dentro de su órbita dinámica, como ellos son, dejando hablar a sus sentimientos con desnuda sencillez" (12/X/29, 39). La verosimilitud pedía lógica interior en el desarrollo, y así Gabaldón criticaba la pieza de argumento "caprichosamente planteado y artificiosamente sostenido" donde por consiguiente estaba "ausente la emoción y el interés" (22/II/24, 28). El desarrollo lógico, a su vez, debía llevarse a cabo con sobriedad, como sugiere la "desnuda sencillez" citada arriba. Por eso, Gabaldón criticaba los argumentos que se diluían "con exceso" (3/VI/20, 24), elogiando, en cambio, la pieza de desarrollo directo que no se perdía en una estructura episódica. Al elogiar *Embrujamiento*, de José López Pinillos, por ejemplo, el crítico principal de *ABC* declaró que

> Nada hay en el drama que se escamotee ni soslaye utilizando el cómodo procedimiento de las referencias, ni tampoco queda a la responsabilidad del autor el comentario de los sucesos, con divagaciones más o menos hábiles; todo, absolutamente todo, ocurre y se resuelve ante el público, desde que el drama se inicia, rápida, bruscamente, hasta el final, sin que decaiga un instante su interés. Ni episodios que distraigan o desenfoquen en lo substancial del drama, ni perifollos de retórica; el drama, sobrio, sintético, va en línea recta hacia su desenlace, y el lenguaje es igualmente apropiado, hablando los personajes siempre, nunca el autor asomándose al retablo (22/IV/23, 31).

Implícitamente, Gabaldón se remitía al concepto de catarsis, señalando repetidas veces el valor de la representación del dolor en la escena al lado de lo placentero. Observó que entre los espectadores se decía con lamentable frecuencia "yo no voy al teatro más que a divertirme, porque hartos problemas tiene uno en la vida" y respondió que "si la risa y el dolor caminan juntos en la vida, seamos espectadores igualmente de la risa y del dolor, cuando sus máscaras asoman por la escena" (1/I/27, 13). En otra ocasión agregó que "No puede ni debe compartirse la opinión mostrenca y muy crecida de los que entienden que al teatro sólo se debe ir a divertirse... Por el contrario, ¿hay mayor ni más refinado deleite para el espíritu que la emoción de la belleza que una obra de arte produce?" (28/XII/30, 59).

La oposición entre "divertirse" y la "obra de arte" sugiere la tradicional jerarquía aristotélica que estima lo dramático por encima de lo cómico, y al respecto Gabaldón opinó que, ante la representación excesiva y monótona de comedias en Madrid,

> El teatro, para conservar su prestigio y su interés, ha de volver a lo que fue. No los asuntos chicos, los problemas menudos y caseros; ha de basarse esencialmente en lo espectacular y en las grandes concepciones dramáticas, acompasado al ritmo, a las preocupaciones e inquietudes de la vida humana (1/IX/34, 40).

En este sentido, Gabaldón admiraba la dramaturgia clásica, elogiando la obra que "consiguiera despertar en el público la dormida afición a la lectura de las grandes concepciones clásicas, que marcaron rutas imborrables en la dramática universal" (10/IV/24, 27). En el ápice de la jerarquía aristotélica, el crítico principal de *ABC* colocaba la tragedia, comentando ante el estreno de *Ebora*, de Eduardo Marquina que

> Cuando a diario hemos de censurar lamentándolo, el predominio de modalidades que tienen muy remoto parentesco con el arte dramático; el desvío del público, que tan franca repulsa muestra por los más nobles ensayos, es de alabar el intento de Marquina, logrado con el mejor éxito. Su labor... en estos tiempos tan invadidos por el prosaísmo... al remontarse a las cumbres de la tragedia, merece nuestro aplauso y nuestra admiración (6/I/22, 15).

Asimismo Gabaldón apoyaba las obras consideradas como hitos de la dramaturgia occidental como las de Maeterlinck, Shaw, Ibsen, O'Neill y Strindberg. Sobre la representación de *El alcalde de Stilmonde*, de Maurice Maeterlinck, que se recomendaba particularmente puesto que se estrenaba en el teatro La Latina, teatro éste que solía dirigirse a las capas populares de Madrid, Gabaldón apuntó: "Bien merecedora es la dirección artística por el solo intento de poner en contacto a los grandes maestros con los humildes públicos, del aplauso por su iniciativa en pro de la difusión cultural" (5/XI/20, 17).

Entre las iniciativas recomendadas, Gabaldón también colocaba las obras experimentales y los intentos de organizar sesiones de teatro de arte. A menudo, ante las obras experimentales, Gabaldón dedicaba parte de la reseña a los antecedentes de la pieza y el dramaturgo contemplados, mostrándose siempre bien informado sobre las novedades teatrales de Europa y las Américas. Apreciaba las tentativas innovadoras—no siempre de índole realista—como el simbolismo psicológico, lo imaginativo y lo fantástico, las decoraciones sintéticas, la estilización de lo humano, el mayor relieve de los elementos plásticos del espectáculo.

Por otra parte, "Floridor" se valía de las prescripciones genéricas, juzgando cada pieza conforme a la modalidad a que pertenecía, sin resolver del todo el conflicto implícito entre los valores aristotélicos —que tenían su expresión ideal en la alta mimesis, la verosimilitud, la sobriedad, etc.—y el predominio de las obras frívolas en la escena. Sintomática de su postura acomodaticia es este comentario:

> ¿Qué es teatro? ¿Género? ¿Qué es teatralidad? ¿Dónde empieza y acaba el concepto? A nuestro entender, siempre será "teatro" cuanto interese, conmueve o divierta, en estos básicos aspectos, mientras corra por él la vida que anime la efímera historia que ha de desenvolverse en el palco escénico. Realismo, o simbolismo, lirismo o experimentalismo, todo cabe y puede ser, en tanto la obra excite la curiosidad, la sostenga y la satisfaga. No hay, pues, formas exclusivas; hay "teatro" solamente. No hay, pues, géneros; hay, en puridad, obras, solamente, y éstas se producen y son admiradas por el público al través de sus diferentes estilos, sin necesidad de una previa clasificación, que, a veces, más daña que beneficia, porque a la sombra de una gloriosa bandera de vanguardia, por ejemplo, pretenden avanzar escritores que no pueden cubrir ni retaguardia (8/II/27, 35).

Así es que, contrario a un acercamiento jerárquico, Gabaldón mantenía una postura pluralista, que colocaba la diversión a nivel del interés, otorgando más importancia a la complacencia de los espectadores que a las aspiraciones literarias o experimentales.   A través de esta postura estética, el crítico principal de *ABC* podía acercarse a cualquier obra de acuerdo con un criterio de idealismo artístico.   Es decir, enjuiciaba las obras según la realización ideal de los propósitos autoriales.   Así, en el caso de Muñoz Seca, Gabaldón pedía mejor realización de acuerdo con los propósitos artísticos evidentes.   Otras veces, ante la farsa cómica, cuya finalidad primaria era la de producir la mayor cantidad de risas posible en los espectadores, Gabaldón declaraba la impertinencia de los valores literarios, "dejando el escalpelo en el guardarropa" (23/X/26, 37).   *"Quant on rit, on est désarmé"* él observó en un momento, y esto era sintomático de una tolerancia de lo cómico más cercana a la de Machado que la de Mesa o la de Pérez de Ayala (10/I/32, 66).   "Floridor" manifestaba, como ya notamos, la misma tolerancia en el tratamiento de las obras vistas como espectáculos.

La indulgencia con que Gabaldón se acercaba a todo lo que constituía lo contrario de las nobles aspiraciones artísticas descritas por él, apunta tal vez a cierta involucración en las mismas condiciones teatrales que él denunciaba.   Pese a quejarse del exceso de comedias en la escena, Gabaldón mismo era un reconocido adaptor de comedias para el teatro madrileño, responsable, en colaboración con Gutiérrez Roig, de "infinidad de arreglos y traducciones de obras extranjeras".[4]   Aun en sus recomendaciones al público de que no evitara el teatro serio, él contraponía la inclusión de lo cómico:

> Volvamos, pues, a las normas del buen teatro, del sano teatro, sin que esto quiera decir que propugnemos, como algunos, la casi exclusividad de un teatro, de un teatro abstruso, esotérico, de norteñas brumas, pesimista y deprimente, porque nosotros necesitamos de los resplandores del sol... (1/IX/34, 40–41).

Una medida de aceptación de las condiciones teatrales de su día también era evidente en su reacción a la llamada crisis del teatro. En primer lugar, más de una vez, Gabaldón sugería que los que proclamaban el estado de crisis eran excesivamente alarmistas, declarando en una ocasión que "La crisis ha existido siempre, por unas u otras causas" (28/XII/30, 59). Algunos años después, afirmó igualmente que

> Toda la vida se viene hablando de la crisis del teatro, y cuantos disponen de una pluma en el ejercicio periodístico se ocupan del desahuciado enfermo y formulan sus diagnósticos pesimistas. Pero el enfermo va tirando, como suele decirse, mientras los que se sientan a su cabecera y le auscultan siguen atentamente el pródromo de su endémica dolencia, que atribuyen a diversas y complicadas causas, y cada uno propone un plan curativo (1/IX/34, 40).

El plan curativo de Gabaldón era representativo de su postura tolerante con respecto al teatro madrileño en todas sus manifestaciones. Sobre todas las otras causas, repetidas veces él colocaba la producción excesiva en combinación con la uniformidad de los repertorios (1/I/26, 18; 28/XII/30, 59; 1/I/27, 12; 1/IX/34, 40). Así que, para él, el problema estribaba en la cantidad más que en la calidad de las obras. Según él, había sido preferible la situación de no muchos años antes, cuando cada teatro se identificaba con ciertos géneros y así existía una variedad donde había algo para satisfacer todos los gustos estéticos (1/I/26, 18; 1/I/27, 13).

Al lado del respaldo de la variedad y la inclusión de lo cómico en la farándula madrileña, el crítico principal de *ABC* manifestaba señas de lo que se puede interpretar como una tendencia conservadora. La costumbre de subordinar cualquier tesis demasiado explícita en su mensaje social o político a criterios estéticos, cuando no se aplicaba un criterio socialmente conservador, alejaba a Gabaldón de los que veían en el teatro un instrumento de trasformación social. También los criterios aristotélicos mismos, aplicados a un teatro en el que la comedia alta y el drama solían tratar de la representación verosímil de la sociedad alta burgués—sus fantasías, anhelos y ansiedades—respaldaba un procedimiento de vindicación de los valores conservadores del público.

Haciendo un balance final entre los impulsos hacia el cambio—la elevación de estilo y pensamiento conforme al género, la superación de lo plebeyo, el apoyo de iniciativas y de las formas literarias—y las tendencias propicias a una estética conservadora—el aristotelismo, la disminución de la importancia de la crisis, la subordinación de los criterios políticos a los estéticos—concluimos que la crítica diaria en *ABC*, debida principalmente a Gabaldón, hacía más para afirmar el *statu quo* de lo que hacía para alejarse de él.   En muchos sentidos, Gabaldón pactaba con el teatro de su día, ajustándose a las exigencias diarias de su oficio, acomodándose a una producción que estaba situada entre la preeminencia de Benavente y la preponderancia de las formas cómicas.   Este teatro respondía a—y en parte determinaba—los gustos del público madrileño, el cual, a su vez, encontraba una voz representante en "Floridor", el principal crítico teatral de *ABC*.

CAPITULO IV

LOS ARTICULOS TEATRALES EN TORNO A LA REFORMA DEL TEATRO: 1918–1927

Introducción

El alcance de los artículos sobre el teatro era más amplio que el de las recensiones por varias razones. Como hemos notado, las condiciones profesionales, las expectativas críticas y la índole de un teatro mayormente condicionado por el carácter convencional de su producción orientaban la crítica de las reseñas. Los artículos, en cambio, aportaban perspectivas de mayor amplitud. En ellos, a diferencia de la visión sincrónica de la recensión, a menudo se ponía de manifiesto un ángulo de visión diacrónico. Los temas tratados también comprendían una mayor extensión geográfica. No se limitaban a la consideración de una obra estrenada en Madrid sino que examinaban temas y acontecimientos teatrales en las regiones de España y en el extranjero. Por otra parte, el formato de los artículos favorecía más la elaboración de las ideas, a veces realizada en ensayos publicados por entregas. Así, mientras que las recensiones solían ratificar las expectativas genéricas, día a día, los artículos se prestaban a los juicios meditados y sintéticos, cuestionando las normas del momento y planteando posibilidades de renovación.

Los artículos teatrales solían aparecer en las primeras páginas del periódico, a menudo en primera plana, y eran escritos por colaboradores distinguidos por sus actividades teatrales y literarias.[1]   Cinco críticos ofrecían comentarios teatrales con cierta frecuencia—José Alsina, Luis Gabaldón, Felipe Sassone, José Martínez Ruiz ("Azorín"), Alvaro Alcalá Galiano—, y su contribución abarcó los años desde 1918 hasta los primeros meses de 1927.[2]   En ese año se estableció la *Página Teatral*, que recogió los artículos dedicados al teatro a partir de entonces.   Puesto que el alcance de la aportación teatral cambió de una manera notable tras la aparición de la *Página Teatral*, ésta será examinada en otro capítulo.

Era evidente la función del periódico como un foro de polémicas teatrales, a veces internas, entre los colaboradores, a veces externas, entre éstos y los críticos teatrales de otros elementos de la prensa madrileña.   Estas polémicas respondían a la creencia de que el teatro madrileño pasaba por una honda crisis.   Se consideraban en *ABC* varias vertientes de la crisis, entre ellas el aspecto económico, al tiempo que se planteaban alternativas para la renovación de la escena.

La crisis teatral

Si bien la crisis del teatro era un tema constante de la crítica teatral en los años veinte y apareció con frecuencia en las páginas de *ABC*, no todos estaban de acuerdo sobre la gravedad de la misma.   Algunos afirmaban que la perspectiva diacrónica negaba la crisis: "a lo largo de la historia del teatro, se han creído los críticos en el caso de llorar su ruina o lamentar su decadencia, y, sin embargo, a distancia la posteridad ha visto que no había motivo alguno para tal alarma y desconsuelo".[3]

Sin embargo, la mayoría de los artículos sobre el tema analizaban los problemas de una industria cuyos ingresos ya no cubrían sus gastos.   De ahí que se señalara como causa de la falta de público la subida del alquiler de los auditorios, el costo de las compañías, los tributos altos y las entradas caras.   Naturalmente los empresarios sentían los efectos inmediatos de esta dimensión de la crisis, y José Juan Cadenas, empresario y colaborador de *ABC*, bien podía representar las preocupaciones de sus colegas. Se opuso en particular a la política de considerar el teatro un pasatiempo de lujo, idea que justificaba el cobro de impuestos para apoyar los programas sociales: "es menester que los teatros dejen de ser una inicua fuente de ingresos para el estado, el Municipio y esa Junta de Protección de la Infancia, que deja que pululen los golfos por las calles de Madrid" (Cadenas 9/I/18, 6–7). El empresario Arturo Serrano coincidía con Cadenas en que los impuestos impedían la asistencia del público (3/II/22, 21) mientras que Tomás Borrás, representando a la Sociedad de Autores, opinaba que el público no podía ir "más que a las representaciones de precio módico" y que no había dinero para satisfacer todas las representaciones madrileñas, unas "sesenta secciones que se hacen en Madrid a diario" (1/III/32, 4).

El problema de la carestía del teatro se sentía cada vez más debido a la competencia para ganar público entre los teatros y los cines. Esta competencia era otro de los temas constantes de la época y algunos lo veían según su aspecto económico (el cine era más barato). López Montenegro observó que

> El encarecimiento de la vida ha encarecido el teatro automáticamente en los momentos más desfavorables para éste: cuando su rival encarnizado [el cine] está librando descomunal batalla sin aumentar los precios de sus localidades... La cuestión, a mi juicio, no es de índole artística sino puramente económica (9/II/24, 7).

Otros definían el problema más bien como una rivalidad estética. Para Felipe Sassone, el cine, con su capacidad de reproducir una imagen de la realidad en todos sus detalles, había fomentado un público acostumbrado "a la holganza del pensamiento" y que entendía "sólo lo que le entraba por los ojos, ajeno a todo otro placer estético" (2/IV/26, 7).

No todos los empresarios fijaban la crisis en las condiciones económicas padecidas por el teatro. Sassone, que era empresario además de ser dramaturgo, opinaba que más debía interesar "la crisis del gusto que la del negocio" puesto que los problemas del teatro eran sintomáticos de una crisis económica generalizada que a lo mejor, al limitar la producción, tenía el efecto secundario de hacer más selectivas y mejores las obras que llegaban a ser representadas (2/IV/26, 7).

La preocupación estética de Sassone le situaba entre la mayoría de los colaboradores de *ABC* que escribían sobre el teatro. Ellos solían fijarse en el decaimiento artístico, señalando a menudo como causas principales: la composición de las compañías, la monotonía del repertorio, el predominio de unos pocos dramaturgos, la influencia adversa de los empresarios mismos y el elevado número de representaciones en Madrid.

El problema señalado con respecto a las compañías era la tendencia entre los actores a formar su propia compañía, rodeándose de otros actores de menor talante una vez que aquéllos habían ganado cierta popularidad, en vez de trabajar en conjunto con otros actores conocidos por su habilidad. Esto perjudicaba la calidad de las representaciones así como aumentaba la competencia en condiciones donde les parecía a algunos críticos que el número de espectáculos ya excedía la demanda de los espectadores. Así Alcalá Galiano observó que "La mayor parte de las compañías dramáticas no son tales, sino que consisten sólo en una "estrella" del género con una comparsa menos que mediana" (11/I/24, 1–2). Luis Gabaldón notó que "constituídos en jefes de grupo actrices y actores, apenas logran alguna significación... y los cuadros dramáticos han de resentirse por su falta de consistencia, ofreciendo, por lo tanto, débiles interpretaciones" (1/I/22, 23–24). En otra ocasión observó que

> hemos de lamentar que el excesivo movimiento de compañías, la inquietud de nuestros cómicos, mal avenidos con sus propios intereses, haga cada vez más difícil el reparto de las comedias que los autores se ven obligados a confiar muchas veces a insuficientes medios de interpretación. El público, ante este trasiego constante de compañías andariegas, nutridas de un mismo repertorio unicolor, se retrae desorientado (1/I/24, 26–7).

A raíz del aumento de competencia se intensificaba la hipérbole de las gacetillas. Esto empeoraba la situación, según Gabaldón, puesto que tenía como consecuencia posible el que el público desconfiara de los exagerados méritos anunciados y recelara acudir a ser desengañado. En su resumen de la temporada teatral de 1921, Gabaldón notó que

> Unas y otras empresas, en la más descomunal contienda, se lanzaron a la conquista del público, aturdiéndole con estrepitosos reclamos, que eran como tracas en el vacío, porque ya, acostumbrado aquél a la pólvora de contaduría, no le causaban efecto alguno (1/I/22, 23-24; Véase también: 1/I/27, 10-11).

No obstante el elevado número de compañías que trabajaban en Madrid, faltaba diversidad en el repertorio según los críticos.[4] Así, pues, el teatro se veía en decadencia en parte por la monotonía de su producción. Lamentándose de la falta de diversidad en su resumen teatral del año 20, Gabaldón declaró que

> [hubo] éxitos decorosos, aciertos aislados, algunas interesantes revelaciones de autores y artistas; pero, en general, la temporada ha carecido de la obra privativa, saliente, de la obra que, si no marca una etapa, porque esto valdría tanto como una sintomática renovación de la estética teatral, puede aportar al caudal dramático un interesante documento en los aspectos ya conocidos (1/I/21, 9–10).

Martínez Ruiz también notó que los repertorios monótonos eran sintomáticos de la crisis que el teatro venía padeciendo:

> Ahora todos los teatros son lo mismo, todos los autores son lo mismo, todas las compañías son lo mismo. Los teatros se han desnaturalizado. Se trata ya de la uniformidad aterradora—de un tedio abrumador (23/VI/25, 1-2).

Para Gabaldón, esta uniformidad significaba un cambio reciente en la práctica de los teatros madrileños. Observó que unos pocos años antes del momento en cuestión, cada teatro había tenido su carácter y su público propios: "El drama, la comedia, el juguete cómico, el sainete, la zarzuela, la revista, eran géneros privativos del Español, la Comedia, Lara, Apolo, la Zarzuela, Eslava, respectivamente" (1/I/27, 10–16). En los años veinte, afirmaba Gabaldón, esta variedad de géneros se quedaba cada vez más reducida a uno solo, la comedia. De ahí que el público quedara "desorientado", sin poder encontrar los repertorios característicos de antaño (1/I/26, 19).

Entre los fenómenos que contribuían a la monotonía del repertorio se señalaba un recelo ante lo que se apartara del gusto mayoritario por parte de los empresarios y del público. El empresario José Juan Cadenas notó justamente al principio del período aquí considerado la desconfianza de sus colegas ante lo nuevo (1/I/18, 5–6). Varios años después, Antonio Azpeitua también echaba la culpa de la monotonía del repertorio en parte a los empresarios, observando que "a los escritores con prurito de cambio se les aleja como peligrosos" (8/I/27, 6–8). Dada esta marcada preferencia por lo seguro, se alegaba que la escena estaba dominada por un grupo reducido de dramaturgos. Gabaldón afirmaba que esto también perjudicaba la calidad estética del teatro, preguntándose ¿cómo es "posible que cinco o seis firmas, que son las solicitadas siempre, puedan nutrir la insaciable voracidad del público?" (1/I/25, 23).

Por último, cabe señalar cierta variedad de opinión respecto a los gustos y costumbres del público. Azpeitua creía que los empresarios ignoraban lo que quería el público, a juzgar por las obras que admitían: "se ve que el público aspira a otra cosa, no podríamos decir si mejor o peor, pero distinta de la presente" (8/I/27, 6–8). Gabaldón, aunque reconocía que había protestas entre los espectadores frente a la uniformidad de producción de las compañías, creía ver en ello una contradicción que acababa vindicando el recelo de los empresarios:

> El espectador que se lamenta de ver siempre en el teatro los mismos pequeños problemas familiares, en cuanto a su consideración se le ofrece algo nuevo, lejos de aceptarlo, suele rechazarlo por exótico, por irreal, por atrevido y, últimamente, por la gran razón, porque no es "teatro" (1/I/27, 10–16).

El opinaba que los gustos de los espectadores también orientaban los repertorios hacia la comedia, dejando sin apoyo las tentativas de renovación. El público tenía "estereotipado el gusto y dudoso el gesto" ante cualquier novedad que le obligara "a cambiar su cómoda postura de pensar" (Ibid.).

Ramón López Montenegro no se quejaba de los gustos del público teatral sino que se lamentaba de su reacción a lo que no le gustaba. Señalaba la mala educación de algunos espectadores que se manifestaba en la costumbre de patalear lo desaprobado, además de rebuznar y silbar (9/IV/24, 7; 5/III/24, 7–8). Los reprendía, declarando que aun la obra malograda merecía respeto como un esfuerzo artístico, y afirmaba que la airada protesta surgía "por regla general, de la ignorancia con pretensiones de cultura (que es la peor)... de la falta de caridad y del exceso de ineducación" (5/III/24, 7). Respecto de las malas costumbres de los espectadores madrileños, Alcalá Galiano señaló el contraste entre ellos y los públicos de otros países, opinando que "En el extranjero el público tiene otra concepción de las cosas" (13/I/23, 4).

Hacia la amplificación de los horizontes estéticos

Los ensayos de *ABC* dedicados al teatro, además de indagar sobre las causas posibles de la crisis teatral, a menudo ofrecían una vertiente prescriptiva, procurando encontrar soluciones a los problemas señalados. Esta búsqueda suponía una perspectiva que traspasara los confines de la actividad teatral en Madrid. Algunos artículos aportaron a la consideración de los madrileños los acontecimientos teatrales de otras regiones de España pero mayormente los comentaristas volvían los ojos a la producción teatral europea.

Un ejemplo del enfoque regional es el artículo titulado "La inquietud dramática". Ahí José Alsina manifiesta su admiración por el público catalán, más abierto a los experimentos que el madrileño:

> Barcelona... recoge al instante la vibración nueva, y
> ello se debe no sólo a la intenta curiosidad de los

intelectuales catalanes, sino al noble deseo de trans-
mitir en seguida al público, con entusiasta propósito
difusivo, las nuevas formas de emoción. Y ese esfuerzo, proseguido sin decaimiento a través de varios
años, ha podido crear núcleos de espectadores capaces
de apoyar con su asistencia y su respeto las experi-
mentaciones más audaces, según pueden decirlo las
brillantes campañas del teatro íntimo, no realizadas en
Madrid hasta el presente (8/V/24, 7).

Los comentarios sobre el teatro en el extranjero abarcaban diversos
temas, desde las rudezas del público romano (1/IV/22, 2–3) hasta los
últimos acontecimientos experimentales en el teatro ruso (18/IX/24,
7–8). Dada la influencia que las tendencias estéticas parisienses tenían
en el teatro español, no sorprende que los acontecimientos allí también
solicitaran comentarios de varios colaboradores en *ABC*. En 1919, por
ejemplo, Enrique Gómez Carrillo señaló la popularidad de la revista,
género para "pasar el rato sin fatigarse el cerebro" que pronto se
pondría de moda también en Madrid (26/VI/19, 4). Glosando el
predominio de lo frívolo en el teatro parisiense Hugo Desvillers declaró que esta preferencia era razonable, en vista del momento histórico en Europa: "después de cuatro años de guerra, esto es, de lágrimas y tristezas, es lógico que hay sed de risas y alegrías" (2/XII/21,
5). A su vez, Alvarez Alcalá Galiano condenó el imperio de lo ligero
en París, viéndolo como un lamentable decaimiento artístico (1/VII/23,
16).

Por otra parte, la imposición de la revista traía consigo un desarrollo aparatoso de la puesta en escena visto por algunos como ade-
lanto admirable. Así un comentario anónimo notaba la influencia
artística que venía desde el extranjero, declarando respecto de las
revistas montadas por Cadenas: "Precedente de Londres y París ha
regresado a Madrid... José Juan Cadenas, que... trae estudiados los
últimos adelantos en escenografía, y resuelta su aplicación en España,
donde tanto le debe el arte teatral" (11/III/24, 24).

José Alsina solía escribir sobre diversas innovaciones teatrales de
distintos países. Un artículo titulado "Las nuevas interpretaciones"

abarcaba temas tan variados como el simbolismo de colores, el futurismo, las técnicas cinematográficas, la influencia en el teatro moderno de la *commedia dell'arte* y de las farsas medievales, y las actividades de Meyerhold en Rusia (18/IX/24, 7-8). Alsina documentó en un artículo biparte la polémica entre dos figuras importantes de París, Gastón Baty y Benjamín Crémieux, la cual trataba de si el espectáculo o la literatura debía dominar la representación teatral (2/II/27, 7; 11/II/27, 6-7). En otra ocasión escribió sobre la reunión anticipada del Congreso Internacional de las Sociedades de Aficionados al Teatro, en Praga. Abordó el tema del teatro en el campo de una manera que hacía referencia a la importancia del pueblo para el teatro. Anticipó así la actividad de La Barraca bajo la dirección de García Lorca, declarando que

> el teatro ha de cumplir en el campo una misión tan importante o más que la que cumple en las ciudades. Debe presentar al sencillo auditorio modelos literarios que impresionen su inteligencia y su sensibilidad, ofreciendo, de paso, el medio de poder asistir con frecuencia, y por poco precio, a la representación de buenas obras dramáticas (20/III/26, 6).

Alsina notó además la importancia de experimentos con el teatro del pueblo en Alemania, y de esfuerzos por devolver al teatro un sentido religioso: "la salvación del arte dramático en abstracto dependerá probablemente del auxilio decidido que puedan prestarle unas multitudes directamente interesadas o conmovidas" (12/II/26, 8). Recomendó también que las sociedades de aficionados representaran obras experimentales, no lo que ya se veía en el teatro comercial como solía ser el caso en Madrid.

Prescripciones renovadoras: la escena y los participantes

Entre los elementos que los críticos de *ABC* examinaban al plantearse la reforma teatral figuraban la crítica, los espectadores, el director de escena, la escenificación, y la actuación.

El consenso era que los críticos podrían mejorar el gusto público, educando a los espectadores a apreciar las obras teatrales de calidad "literaria". Representativo de la opinión general era José Juan Cadenas, quien creía que la crítica podía "orientar al público, estimular a las empresas, [y] solicitar de los gobiernos la ayuda oficial para un teatro". Cadenas opinaba que en lugar de desempeñar bien su oficio, los críticos se caracterizaban por su ligereza y favoritismo: solían "cultivar dos géneros: Cursilería y comadreo" (1/I/18, 5).

José Martínez Ruiz, a raíz de las reacciones críticas a sus obras *Old Spain* y *Brandy, mucho brandy*, escribió una serie de ensayos en los que denunciaba de una manera retumbante los defectos de la crítica, señalando los intereses creados así como las condiciones difíciles de la producción crítica.[5]   En el comentario satírico "¿Críticos teatrales? ¡Bah!" (4/I/27, 3–6), expuso su opinión por medio de una dramatización: Un crítico visita a una primera actriz de quien siempre ha tenido una opinión favorable, unos momentos antes de que ella estrene una obra.   El tiene la intención de pedirle que represente una obra suya.   La actriz impide que él lleve a fruición su propósito y por consiguiente el crítico reseña la obra de ella en términos desfavorables.

En "Inepcias de la crítica", Martínez Ruiz mantenía que la presión de tener que escribir reseñas a volandas y a una hora tardía estorbaba la posibilidad de un juicio meditado y que por lo tanto, los revisteros se valían de tópicos para tener a mano alguna censura:

> No se puede, en un momento, en el momento en que el crítico escribe, decidir si una obra está o no lograda. Muchas obras que la crítica ha considerado, en cierto momento, que no estaban logradas, lo han estado con plenitud después. A las dos de la madrugada, cansado el crítico de una larga labor diaria, hastiado del teatro, del público, de los autores y de su propia crítica, ante una obra nueva, innovadora, que es preciso comprender y explicar, el crítico hace lo que los viandantes del monte Igüeldo: echa por el atajo. Y el atajo es la muletilla "la obra no está lograda" (26/II/27, 1).

Además, según Martínez Ruiz, la mayoría de los críticos, hechas algunas excepciones, no tenían siquiera aptitudes para hacer una crítica valiosa. En "Los críticos teatrales", Martínez Ruiz sostenía que "Esos quince o veinte críticos, quitando cuatro o cinco, que son inteligentes y cultos, no influyen, ni representan nada. Son todos muchachos bonachones, simpáticos; pero sin ilustración, sin finura, sin inteligencia" (17/II/26, 1).[6]

Si bien Martínez Ruiz censuraba la falta de aptitud, cuando no la corrupción ejercida por los intereses personales, no por eso dejaba de preconizar para la crítica un papel más ambicioso. Creía que idealmente la crítica había de ser una extensión del proceso artístico visto en la obra reseñada, llegando a ser así otra obra literaria. En "Dos palabras a los críticos", reafirmó su concepto a la vez que resaltó la falta de su realización en España:

> La crítica teatral—en general la literaria—debe ser, lo
> he dicho muchas veces, una prolongación de la obra
> que leemos o contemplamos. Tan sensible, si cabe, a
> la belleza debe ser el crítico como el autor. La crítica
> ha de ser, por tanto, creadora. Nada de esto sucede
> con la crítica teatral española, salvo excepciones
> (25/XII/26, 6).

Lejos de encontrar la crítica creadora que deseaba, Martínez Ruiz hallaba que los críticos del momento funcionaban no como una vanguardia estética empeñada en la renovación teatral, sino como influencia conservadora, confiándose excesivamente en lo tradicional y perjudicando la aceptación de la novedad:

> Lo que suscita lo nuevo, la obra nueva es la duda.
> No sabemos si lo que estamos viendo es bueno o
> malo, y, en la duda, para no aparecer candorosos,
> ingenuos, acabamos por echarnos del lado de lo ya
> conocido, de lo tradicional (11/XI/26).

Sassone también creía que la crítica debía desempeñar un papel positivo, esto es, opinar "sobre lo esencial de la obra de arte, sobre su intención, sobre su belleza, sobre el acierto de su realización en conjunto" pero en una advertencia, que acaso le hubiera servido a Martínez Ruiz, amonestaba que esto no le daba al crítico "carta de naturaleza como dramaturgo; para eso hay que conocer el oficio por dentro, como profesional" (14/VIII/26, 1–2).

Por otra parte, en un artículo anónimo, se señalaba la temeridad de tratar de cambiar la opinión pública ya que siempre existía la posibilidad de que el público no hiciera caso a la crítica. Así pasó en el ejemplo citado aquí, donde una obra sumamente impopular con los críticos—*Constantino Plá*, por Fernández del Villar—fue reconocida muy favorablemente por los espectadores (2/IV/22, 37).

Vistas estas condiciones, Wenceslao Fernández Flórez aconsejaba insistencia y paciencia. Afirmaba que el proceso de educar el gusto literario era una "labor muy lenta" y que no importaba la breve duración en el cartel de las obras literarias, bastaba con que se vieran. Fernández Flórez creía que el entusiasmo por las obras literarias crecería porque los espectadores estaban listos para algo mejor de lo que se solía ofrecer, y así declaró: "en el público hay un afán de novedad, de renovación, tan visible, que no comprendo cómo alguien lo niega" (3/III/26, 7).

Varios críticos entraban en el debate sobre la literatura en el hecho teatral. José Alsina dedicó un artículo a las últimas tendencias teatrales, "Alrededor del *Teatro puro*", planteando una dicotomía cuyo eje era el autor. Para unos el autor era "un elemento más, exento de toda superioridad, entre los otros que concurren a la 'realización' de una obra de teatro, esto es: el director de escena, el comediante, el escenógrafo, el mueblista, el sastre, el maquinista o el encargado de la luz"; y para otros era "arquitecto, cuyo plan ha de ser obedecido por los albañiles, los carpinteros, los herreros y los restantes factores de la construcción" (2/II/27, 7). Estos, representados por el francés Benjamín Cremieux, confiaban en la capacidad del diálogo "para exponer desde la escena toda la sensibilidad moderna y todos los temas actuales" cualquiera que fuera su complejidad (11/II/27, 6), mientras que aquéllos afirmaban que la palabra sola era impotente para lo inconsciente o semiconsciente, esa vida obscura que condicionaba la vida conciente. Para penetrar en esas honduras, el francés Gastón Baty mantenía que el teatro ofrecía sus recursos plásticos, esto es, el decorado, la música, la danza, etc. (2/II/27, 7). Sin afiliarse a ninguna de las dos perspectivas, Alsina quería plantear este debate para la escena española, afirmando que "del culto literario por un lado y del culto escénico por el otro, derivará la renovación teatral" (11/II/27, 7).

Martínez Ruiz se situaba entre los dos extremos, afirmando la primacia del diálogo pero también la importancia del director de escena y de los actores en relación al dramaturgo. Opinaba que el dramaturgo debía tener muy poco que ver con la realización escénica. Esto era el campo de los actores y del director de escena (23/IV/26, 1–2). Pero la creación de éstos debía partir del diálogo. Por consiguiente, a diferencia de Valle-Inclán, por ejemplo, Martínez Ruiz creía que no eran

> precisas las acotaciones. En el diálogo debe estar contenido todo. Con el libro en mano, el director de escena debe ir deduciéndolo todo: decorado, trajes, caracterización, etc., etc. Y luego, el actor estudiando bien el papel, debe también percatarse de todo... El teatro es diálogo (12/VIII/26, 1–2).

Felipe Sassone, autor, director y empresario, opinaba que en España había una "oposición absurda... entre la literatura y la escena" (10/VIII/26, 7). Sostenía que el asesor o director artístico—representante de la literatura—así como el director de escena, tenían sus fallos. Aquél no solía conocer el oficio "de telón adentro" y quedaba frustrado en sus intentos. Este era "rutinario y mañuetuelo del oficio", "extraño a todo nuevo sentido de arte". Sin embargo, según Sassone, la renovación teatral vendría del segundo, porque en verdad él sabía "todo lo que saben los directores artísticos, más los *secretos del oficio*" y podía hacer síntesis así de esa desafortunada oposición (Ibid.)

La actuación era otro aspecto teatral examinado en *ABC*. José Francos Rodríguez comentó la influencia desfavorable que el predominio de las obras frívolas tenía en la calidad de la actuación, afirmando que los actores estaban acostumbrados a "charlar amenamente, empleando chistes, retruécanos e ingeniosidades" pero que no sabían representar obras donde era preciso que vibrasen "las pasiones"

(1/IX/18, 5).

Se puede notar en los comentarios sobre la actuación una antítesis implícita entre la aparatosidad y la verosimilitud en la representación. Enrique Gómez Carrillo opinaba que el drama, cuando aparecía, solía ser representado con un exceso de histrionismo, y, citando la preparación en las escuelas dramáticas como el Estudio Lensky de Nueva York, mantenía que para demostrar el dolor, por ejemplo, había que "llorar por dentro, y no con los músculos faciales... llorar con el alma y no con las comisuras crispadas de los labios" (31/III/22, 1–2). Asimismo Alvaro Alcalá Galiano alabó la actuación de Zacconi, cuando él pasó por Madrid, afirmando que "aquello ya no es teatro, es la realidad, con sus desengaños, sus convencionalismos, sus conflictos y sus crueles revelaciones" (13/I/23, 2–4).

Martínez Ruiz mantenía que las insuficiencias de los actores eran debidas a su falta de autonomía para perfeccionar su arte en la escena. Notó que "los actores permanecen inmersos en un ambiente distinto de lo actual... con sus gestos, con sus ademanes, con sus movimientos, con su sensibilidad, en suma, plasmados sobre la vieja estética" (3/XII/25, 7). Asoció esta estética con "el teatro de intriga" y opuso a él, como modelo de lo actual, un teatro de la imaginación y la fantasía, citando a Lenormand y a Pirandello (Ibid.). Sugirió además que el dramaturgo y el director de escena habían usurpado la autoridad profesional de los actores. Afirmó, en un artículo publicado cuatro meses antes del que alude al papel del director arriba, que

> Desde el momento en que el dramaturgo pone "fin" en la postrera cuartilla, allí debe terminar su misión. Desde ese momento la obra debe pertenecer en absoluto al actor. Decorado, traje, caracterización, todo en suma, debe ser creación del actor (23/IV/26, 1–2).

La ampliación formal y la restricción ideológica

Además de examinar los elementos teatrales ya mencionados, los artículos de *ABC* abordaban temas de actualidad como el teatro subvencionado, el teatro minoritario, las implicaciones estéticas de la relación cine/teatro, y las consecuencias del arte serio en contra de lo frívolo y las posibilidades éticas del teatro. También se ofrecieron algunos comentarios sobre la relación teatro/sociedad.

La necesidad de tener un teatro subvencionado como parte esencial de un programa de reforma apareció en *ABC* varias veces (Castell 22/VI/22, 7; Sassone 11/XI/25,1; 3/VII/25, 1; Gabaldón 1/I/28, 35). Al principio del período estudiado aquí, José Juan Cadenas afirmó que la mediocridad de la mayoría de las obras se debía en parte al recelo de los empresarios ante obras difícilmente rentables (1/I/18, 6). Señaló cómo un teatro estatal podría representar obras que no estaban vistas como éxitos comerciales pero que sí pertenecían "al arte trascendental" que no estaba "al alcance de todo el mundo" (24/III/18, 6). Sassone, en cambio, pensaba que establecer un teatro así de "excepción" sería un error. El no creía "en el valor artístico de unas obras escénicas que no son para todos". En parte, según Sassone, el problema era la falta de educación estética del público español en comparación con los espectadores de otros países europeos, porque "aquello que gustó y fue aplaudido y gustado de veras por el público selecto de los teatritos especiales en Madrid hubiera tenido el mismo buen éxito ante cualquier gran público de Milán o París". También eran culpables los críticos, porque eran "demasiado indulgentes, acaso sin pensar en el daño que [hacían], al dejar pasar tanta obrita vulgar, chata y plebeya". Para Sassone la solución era que los críticos "hicieran todo lo contrario" y que no se crease un teatro de arte sino que se educara a los espectadores "a interesarse en las obras antes sólo vistas en los teatritos de vanguardia" (26/VI/25, 7). Evidentemente, la opinión de Sassone fomentó cierta polémica entre los críticos, puesto que él elaboró sus ideas en un segundo artículo escrito como respuesta a uno de Edgar Neville, del *Heraldo de Madrid*. Neville, por su parte, opinaba que "El valor artístico de toda obra de arte no está en la cantidad de público que la admire, sino en la cantidad de arte que tenga en sí" (3/VII/25, 1). Sassone respondió que toda obra debía aspirar a tener "la virtud de la universalidad" y que

no es teatro chico para obras grandes y público

reducido lo que hay que buscar, que eso es empe-
queñecer a la obra, sino formar un público grande,
yendo a él, no para adularle, sino para reñir batalla de
buena ley, a fin de que dejen de gustarle muchas
cosas que le gustan ahora y se vaya poniendo en
estado de gracia (Ibid.).

Con respecto a este proceso educativo, José Alsina alababa las
tentativas de Gregorio Martínez Sierra entre 1917 y 1925, declarando
que su intento de reorientar el gusto mayoritario era más viable que la
posibilidad de un teatro de excepción.   No obstante, Alsina notó que
Madrid era "una de las pocas capitales del mundo que se ha quedado
sin conseguir la realización de una escena al margen".   Mencionó las
tentativas efímeras del Teatro de Arte de Alejandro Miquis, de la
Escuela Nueva, dirigida por Cipriano Rivas Cherif y del Teatro Intimo
en Barcelona de Adrián Gaul y concluyó que, vista la ausencia general
de actividad teatral al margen en Madrid, "lo hecho por Gregorio
Martínez Sierra, quizá fuese lo único que cabía hacer, dentro de las
posibilidades":

En vez de buscar un núcleo de público preparado que
probablemente no existía en el volumen necesario para
la viabilidad de la tentativa, Martínez Sierra llamaba
desde el principio al gran público, invitándole a entrar
paulatinamente en sus innovaciones, aunque cuidando
de no irritarle demasiado (16/XII/26, 3–6).[7]

El papel del cine en la renovación de las formas teatrales era un
tema muy debatido en las páginas de *ABC*.   Los ensayos muestran una
división entre los que creían que el teatro debía distinguirse estéticamente del cine y los que opinaban que, al contrario, lo debía imitar.
Felipe Sassone diferenciaba las dos formas artísticas señalando que el
cine, con su capacidad de reproducir con exactitud fotográfica imáge-
nes de la realidad, se orientaba naturalmente hacia el realismo.   El
teatro en cambio se prestaba al impresionismo, más como la pintura
que la fotografía.   Dado que el teatro no podía competir con el cine en
el campo del realismo, era inevitable que perdiera a los espectadores
orientados hacia lo cotidiano.   Aunque le parecía que este mal no tenía

remedio, afirmaba que el teatro podía mantener su vitalidad "insistiendo en lo nuestro", es decir, el mundo de la imaginación (2/IV/26, 7).

A diferencia de Sassone, Martínez Ruiz y José Alsina mantenían que el cine, con sus rápidos cambios de escena y la libertad de crear su totalidad según los ángulos y técnicas de la cámera, se prestaba a las obras fantásticas. Opinaban que el realismo era una tendencia ya gastada, y señalaban el cine—arte realista según Sassone—como el modelo del arte de la imaginación que el teatro debía imitar. Alsina se preguntó:

> ¿por qué seguir los senderos de costumbre cuando el público actual ha recibido una educación cinematográfica que permite a los dramaturgos ensanchar el campo de la verosimilitud? ¿Por qué no aprovechar esa evolución de las gentes y orientar el teatro hacia una vida nueva en la que la imaginación ocupe lugar preferente? (15/III/24, 7–8).

Martínez Ruiz observó: "Si en un momento, por ejemplo, como el presente, en que el arte cinematográfico se impregna de fantasía—que pide y gusta la muchedumbre—el autor dramático se estaciona en un realismo agotado, ávido, demostrará el comediógrafo no ser hombre de teatro" (26/III/26, 1).

La atención prestada a la relación teatro/cine y a las posibilidades del teatro de arte frecuentemente se relacionaba en los artículos con la cuestión del predominio de las obras ligeras en los teatros madrileños. Sassone afirmó que, aun en el teatro de excepción la comedia debía tener un lugar, porque "también en lo cómico cabe arte". Pero no se refería con esto a "la gracia burda" a que se había aficionado el público, según él. La popularidad de ese tipo de gracia indicaba que se había "tergiversado el concepto" de la comedia. Es decir, las desventuras y burlas fáciles padecidas por los protagonistas en las comedias ligeras realmente no daban para reír, sino para llorar, y procurando que los espectadores se dieran cuenta de eso, éstos, una vez educada su sensibilidad, podrían reorientarse hacia otras vertientes de expresión

(3/VII/25, 1).

El auge de lo frívolo en la escena no quedaba sin defensa. Ramón López Montenegros juzgó improcedente la indignación crítica, afirmando que

> es el público ingenuo el elegido por los dioses para disfrutar en el teatro. La cuestión es pasar el rato; y a un pobre autor de obras intrascendentes, que no codicia el premio Nobel, que no apunta hacia un sillón de la Academia, que solamente busca distraer al "buen público", ¿por qué ir a machacarle y discutir con él la obesidad de algunos chistes? (3/XII/26, 6–7).

También en las gacetillas las obras ligeras se celebraban como necesarias para contrarrestar el efecto agobiante de los tiempos difíciles en que se vivía:

> Hace algunos años, cuando nadie preveía la guerra mundial, ni la carestía de la vida, ni la amenaza del bolcheviquismo, dominaban en el teatro las obras escritas "para hacer pensar", y el público escuchaba con paciencia los interminables parlamentos de filosofía, de moral y de sociología trascendentales. Hoy, en cambio, bajo el peso de las grandes calamidades que agobian al mundo, y ante la quiebra de todos los valores teóricos que pretendieron dirigirle, el público muestra un desvío irreductible hacia todo espectáculo que no sea esencialmente frívolo y divertido (22/IX/20, 15).

No obstante la perspectiva ofrecida en esta gacetilla de *Los misterios de Laguardia*, por Pedro Muñoz Seca, la mayoría de los críticos de *ABC* examinados hacían resaltar la necesidad de orientar el teatro hacia obras de mayor seriedad. Franco Rodríguez declaró por ejemplo que el teatro "padece porque las chocarrerías ocupan el lugar que corresponde al ingenio" (15/VI/23, 1–2). Para Sassone, el teatro de mérito era uno que resistía el tiempo, uno que podía ser disfrutado así en la lectura como en la representación (28/I/25, 7). José Alsina estaba de acuerdo, y mantenía que la publicación era una disciplina unida a la "seriedad creadora" del autor dramático. Alsina descartaba el valor estético de las obras frívolas y opinaba que éstas tampoco valían nada para su público, sugiriendo así que quizás los espectadores mismos estarían dispuestos a reorientarse, de darse la oportunidad: Los autores "que fabrican sin saber escribir, libres de inquietudes, desprendidos de toda preocupación formal, no cuentan. Estábamos por sostener que tampoco cuentan para ese mismo público que se obstina en situar[se] a su nivel" (11/X/24, 8).

Pedro Muñoz Seca era el autor más popular de astracanes y su obra figuraba en la crítica como símbolo de las tendencias nefastas del momento. Alcalá Galiano notó el decaimiento estético que aquél representaba, observando que con Muñoz Seca, se había inaugurado

> una nueva etapa teatral. Empezó el reinado del chiste a todo pasto, de las gansadas estrepitosas, de las astracanadas irresistibles. El público, por fin, había hallado su comediógrafo y los empresarios a su mina. ¿Y el arte?... Se le ha ocurrido nunca a nadie exigir la formalidad de un clown? (14/X/20, 6).

A diferencia de Alcalá Galiano, Martínez Ruiz aceptaba y aun promovía la popularidad de las obras asociadas con Muñoz Seca. Declaró en "El porvenir del teatro" que "En España cada vez se propende más a la farsa en su estado puro. Las obras todas, aun las serias, van adquiriendo un carácter de ligereza y de tensidad; desaparece el teatro largo, denso, profuso" (22/X/26, 1). Como Sassone, Martínez Ruiz mantenía que los dramaturgos que querían fomentar un teatro de arte no podían "ignorar la técnica ni dejar de escribir para la muchedumbre". Pero en vez de pedir la reorientación de ésta, exigía la de aquéllos. Opinaba que los dramaturgos debían "vivir en contacto constante con su público" y que lo que éste quería era más imaginación:

> El teatro necesita dar un paso adelante. Se impone en la escena un poco de la fantasía... Y habrán contribuido a ese ensanchamiento de la escena, acaso más que nadie, esos autores de obras populares, extravagantes, absurdas, de quienes frecuentemente solemos lamentarnos. (26/III/26, 1).

Martínez Ruiz discernía la nueva modalidad teatral, caracterizada por la rapidez, la facilidad y la frivolidad, en el teatro francés, donde señalaba como "tendencia predominante... los cuadros rápidos, breves, escuetos" y en el teatro español de Benavente, caracterizado por la misma rapidez, lo cual denominaba "teatro dispersivo" (6/VIII/26, 1–2; 4/IX/26, 1–2). Pero también la encontraba en el teatro de Muñoz Seca, y emprendió su defensa, afirmando que era el protagonista principal de la renovación teatral en la escena española. Hasta colaboró con él en la creación de una farsa satírica sobre los críticos teatrales.[8] En un artículo titulado "Muñoz Seca, el libertador", Martínez Ruiz declaró que las tendencias teatrales de hacía veinte años eran caducas y que aquél, "ruidoso, popular, extremado, desligado en absoluto de un pasado tiranizador", trabajaba por la liberación. Con la llamada dada a continuación, que bien podría ser un manifiesto, Martínez Ruiz quería asociarse con las fuerzas de cambio de la juventud, en contra de lo establecido, proclamando:

> Jóvenes: es preciso defender a Pedro Muñoz Seca; Muñoz Seca es la liberación. Los empresarios, autores, actores, críticos no se han percatado todavía. Todavía domina, tiraniza, subyuga el canon de la comedia terenciana... Y el público les va reclamando ya (5/II/27, 1).

En la estética de Muñoz Seca, Martínez Ruiz admiraba su fuerza cómica, que no incurría en la sensiblería, y afirmaba que era un talento "directo, espontáneo, flúido" tal como hacía falta según las nuevas modalidades de la rapidez y la ligereza (Ibid.).

Wenceslao Fernández Flórez, en cambio, condenaba la supremacía del entreteniminto despreocupado, y llamaba la atención sobre las posibilidades pedagógicas del teatro. Opinaba que el teatro era excesivamente sentimental y monótono, y que una manera de corregir esta tendencia sería buscar "la doctrina en vez de la emoción". Remitiéndose a un criterio de abolengo en la literatura occidental, Fernández Flórez recomendaba las virtudes de la comedia de tesis, puesto que pensaba que la literatura debía "cumplir un fin ético, ser el vehículo de enseñazas morales, educar e instruir deleitando" (17/I/19, 19–20).

Alvaro Alcalá Galiano, notando la distancia entre el teatro al uso y el teatro literario, sostenía que una razón por la mala calidad del teatro en general era el recelo que los intelectuales tenían de escribir obras teatrales: "Existe, como decíamos antes, un antagonismo absurdo entre la literatura y el teatro, o, mejor dicho, entre la gente de letras y las que componen el mundo teatral". Alcalá Galiano opinaba, como Fernández Flórez, que el teatro debía hacer más que entretener, y que los intelectuales podrían emplear el teatro para promover la renovación social: "El teatro, hoy día, no es sólo lugar de esparcimiento, sino púlpito, cátedra y tribuna. Los autores no pretenden únicamente divertir; aspiran, además a reformar la sociedad" (5/X/26, 1–2).

No obstante la preocupación con la reorientaciín del teatro hacia una mayor seriedad, se prestaba más atención en las páginas de *ABC* a la renovación formal que a la de la ideología. Sassone era representativo de esta tendencia cuando declaró que

> no hay libros morales ni inmorales, sino bien o mal escritos, y que toda obra de arte se empequeñece y pierde valor artístico en cuanto se manche de simpatías o antipatías éticas y pretenda tener un fin docente (3/VII/25, 1).

Así es que cuando Sassone pedía la reeducación de los espectadores en vez de la creación de teatros de arte, hablaba sólo "de la educación artística", manteniendo que "toda obra de arte educa y mejora la sensibilidad de quien la comprende y admira" (Ibid.).

Pocas veces salían los colaboradores en *ABC* de las consideraciones formales para enfocarse en temas políticos o sociales, lo cual marca un claro límite a la orientación reformadora de *ABC* por lo que al teatro se refería. Uno de los escasos artículos explícitamente políticos era el de Wenceslao Fernández Flórez, escrito como un comentario satírico sobre la prohibición de representar a curas y a militares en las tablas (28/II/25, 1–2). Por lo demás, algunos pocos artículos apuntaban al carácter socio-económico del público teatral o trataban de las normas que atañían a los papeles sexuales.

Alcalá Galiano notó la hostilidad a lo nuevo de ciertos sectores del público. Mantenía que en la alta burguesía se veía una hipocresía moral respecto a las posibilidades escénicas. Esa clase podía admitirlo todo en francés o en italiano, pero no admitía "el más leve atrevimiento en español". Atribuía esta reacción no a una manifestación de pudor sino más bien a un conservadurismo social: "no era ya lo escabroso que asustaba, sino lo audaz en la sátira o en las ideas". Alcalá Galiano condenaba el conservadurismo moral que se había impuesto en la costumbre de los "sábados blancos" y propuso "la necesidad de unos 'lunes verdes' para contrarrestar semejante ñoñería". Indicó la estrechez moral como una de las causas del decaimiento artístico del teatro español, y como explicación de que Benavente se hubiera convertido "en sus últimas comedias en predicador y... moralista" y que Linares Rivas buscara "en otros escenarios más burgueses libre expansión a su fina sátira" (11/I/24, 1–2).

Sassone también se quejaba de la estrechez de los gustos de los espectadores. Afirmaba que uno de los obstáculos al mejoramiento teatral era que a la clase media—el principal sostén de los espectáculos teatrales, según él—sólo le gustaban "las obras hechas a su imagen y semejanza" y que ello significaba un afán "de realismo" y la "modesta curiosidad por el suceso en sí, por el hecho". Aquí como en otras ocasiones Sassone insistía en la introducción de más fantasía como remedio, recomendando para el teatro "la pintura, y no la fotografía, la idea y no la agitación, el verbo, el matiz, la literatura y el ensueño" (2/IV/26, 7).

Por su parte, Martínez Ruiz precisó que el teatro tenía que adaptarse a las expectativas de una nueva clase social. Teorizaba que el teatro era la forma artística más directa y rápida de la sociedad, y que ésta se estaba evolucionando, pidiendo a su vez la transformación teatral. A base del desenvolvimiento social, según Martínez Ruiz, se había formado una nueva clase pequeñoburguesa en España. Si esta clase tenía los medios para asistir al teatro, en cambio no tenía "cultivada la inteligencia". Para Martínez Ruiz, era inevitable que esta clase se impusiera en el teatro, y se había de aceptar por lo tanto "la nueva modalidad teatral, impuesta por la sociedad misma, y tratar, dentro de esos moldes, de sacar el mejor partido posible". Esta nueva modalidad, como la clase social que la imponía, se caracterizaba por la ligereza y la rapidez (5/XI/26, 1).

Es notable en los artículos comentados la variedad de perspectivas sobre quiénes influían más en el gusto teatral: la alta burguesía para Alcalá Galiano; la clase media para Sassone; la pequeña burguesía para Martínez Ruiz. En todo caso, los artículos citados eran las escasas excepciones a la regla general. La mayor parte de los comentarios prestaba poca atención a los vínculos entre el teatro y la sociedad, y si tocaba este tema, solía poner de manifiesto una tendencia conservadora entre los críticos teatrales.

Melitón González mantenía, por ejemplo, a diferencia de Alcalá Galiano, que sí era lo inmoral lo que molestaba, y que esto tampoco era aceptable en francés. Condenó la práctica de estrenar obras francesas que defendían "el divorcio a todo pasto, el adulterio obligatorio y otros relajamientos sociales". Opinaba que los españoles no acogían favorablemente estas obras y que se representaban mayormente porque entre los empresarios el interés financiero pesaba más que el moral (2/III/21, 5–6). Así, de un modo indirecto, él reconocía que los empresarios hallaban que estas obras eran rentables y que tenían la aceptación de un público si bien no de todos los críticos.

Sassone notó que el papel de la mujer se estaba trasformando con su lucha por establecerse en las profesiones antes dominadas por los hombres. Pero reafirmaba que los temas convencionales del amor, del matrimonio y del adulterio no por eso eran anticuados. Opinaba que "las señoritas se quieren casar; se quieren casar, aunque trabajen y sean feministas en este primer cuarto de siglo XX, como se querían casar a principios del siglo XIX" (27/V/25, 7. Todas las citas en este párrafo provienen de esta fuente). El tema del amor en sus varios aspectos era eterno, según Sassone. No podía ser anticuado:

Las piedras preciosas no tienen edad, las mujeres

> hermosas no tienen edad, los temas sentimentales no
> tienen edad, y el *vieux jeu* de las obras dramáticas está
> en eso que llaman técnica, en lo externo, en los efectos
> teatrales buscados con receta; no en la idea animadora,
> que es siempre nueva cuando se encara con el amor o
> con la muerte.

Sassone afirmaba que la educación de la mujer se había amplificado y que había que reconocer "la pluralidad de las capacidades femeninas" pero declaró que, pese a los cambios, su capacidad mayor era "la de ser madre, y el fundamento de toda su educación ser la buena compañera del buen marido que hoy, como ayer, es muy difícil encontrar".

Esta insistencia en el papel tradicional de la mujer partía de dos condiciones, según José Alsina.   Primero, la maternidad era el fundamento de la estabilidad social, y segundo, el teatro era por naturaleza sensible a las cuestiones sociales:

> Así, en medio del tumulto y de la confusión actuales,
> la figura excelsa de la madre acaso sea el faro encar-
> gado de volver por la sensibilidad del mundo, sen-
> sibilidad ahogada en el caos intelectual del presente.
> Y se diría, por tanto, que los dramaturgos han sido los
> primeros en percibir de nuevo el resplandor (25/II/27,
> 7).

Conclusiones

Un aspecto fundamental de los artículos críticos en *ABC* es la diversidad de los temas y las opiniones publicados.   Los colaboradores demostraron su interés en ver el teatro salir de las dificultades que experimentaba y sus comentarios contribuían a las polémicas teatrales del momento.   Analizaron cierta problemática de la época: la crisis económica, la competencia del cine, la calidad y la proliferación de las compañías, el exceso de estrenos y el auge de la farsa cómica en los repertorios, las predilecciones de los espectadores.   Procuraron ensanchar los criterios de sus lectores con aportaciones sobre acontecimientos teatrales nacionales y extranjeros.   Ofrecieron prescripciones para la transformación del teatro en casi todas sus dimensiones: la actuación, la puesta en escena, la temática, la orientación de los dramaturgos, los empresarios, los críticos y el público, la creación de un teatro experimental y la realización de un teatro subvencionado.

No obstante el claro deseo de reforma evidente en la mayoría de los artículos, los comentarios en *ABC* se contenían dentro de unos límites sugestivos. En general, no se animaba en *ABC* el concepto del teatro como un instrumento de transformación política o social. Los colaboradores enfatizaron las cuestiones formales que les parecían pertinentes, pero muy raras veces escribieron sobre los temas sociales planteados en las obras o sobre la posibilidad de modificar al público a través de la influencia social que el teatro hubiera podido tener. Los escasos artículos con implicaciones sociales presentados en este examen eran las raras excepciones a la regla.

Aun dentro de los ejemplos apuntados aquí, los límites sociales del impulso reformista son evidentes. Martínez Ruiz era uno de los pocos que señalaban la base social del teatro cuando afirmó que las transformaciones patentes respondían a la evolución de la pequeña burguesía española. Para Martínez Ruiz, esto suponía la necesidad de aceptar el auge de la farsa rápida y ligera, y así, era un argumento a favor de aceptar lo que se venía imponiendo como norma en el teatro comercial.

Más allá de sus comentarios sobre la índole de los espectadores, las sugerencias reformistas de Martínez Ruiz tampoco estaban destinadas a impulsar el cambio social. Se preocupaba por la transformación formal sobre todo, y, dentro de este tema, por las posibilidades de un teatro más imaginativo y fantástico.[9]

Sassone, como Martínez Ruiz, planteaba la necesidad de un teatro menos condicionado por las convenciones de la verosimilitud teatral. Si bien indicó las expectativas de la clase media como factor limitador de la iniciativa estética, no por eso descartaba la necesidad de cultivar a este público. Rechazaba la promoción de un teatro de arte—igual que Martínez Ruiz—y recomendaba la reorientación paulatina del público existente. A pesar de la postura retórica de Sassone a favor de la renovación del teatro, su estado como empresario y dramaturgo de éxito en sí formaba otro límite a la posibilidad de que él planteara reformas radicales.[10]   Varios colaboradores de *ABC* compartían el compromiso con el teatro vigente.   José Juan Cadenas era conocido como importador de espectáculos y adaptador de comedias francesas, además de ser empresario, y estas circunstancias, como en el caso de Sassone, seguramente influían en su propia perspectiva sobre el tipo de reformas precisadas en el teatro de su día.   Así que mientras llamaba la atención sobre la necesidad de establecer un teatro de arte para representar las obras no comercialmente rentables, agregaba una petición que favorecía sus propias actividades comerciales:

> Las obras, para que llenen su cometido de distraer agradablemente a los espectadores, deben ir siempre ayudadas de todo lo que pueda hacerlas amenas y entretenidas.... ¡Ay sí!   ¡Amenidad!, ¡Amenidad!   Es de lo que más faltos estamos en el teatro... y en todo (1/I/18, 6).

Gabaldón también tenía sus compromisos como dramaturgo y adaptador de comedias extranjeras en una época caracterizada por el auge de la amenidad, además de escribir diariamente reseñas determinadas en parte por la aplicación de las expectativas genéricas preexistentes.

Así, pues, la mayoría de los colaboradores citados en este examen tenían compromisos y éxitos en el teatro tal y como estaba; éstos, si no se puede decir en qué medida influían en sus comentarios, probablemente sí tenían alguna relación con la ausencia de artículos que cuestionaran la ideología social que subyacía el teatro madrileño.   Aun José Alsina, que manifestaba un alcance amplio en sus artículos sobre los acontecimientos en los teatros experimentales de Rusia, Alemania, Francia y otros países, dirigía escasa atención a los temas sociales en el teatro español, dejándonos, más que nada, con el artículo citado sobre la imagen de la madre, el cual vindicaba un concepto tradicional de los papeles sexuales.   Esto, sumado a los otros escasos comentarios sociales, como el de Melitón González sobre la necesidad de contrarrestar la decadencia moral en la escena (2/III/21, 5–6), apuntaba a los límites sociales de la crítica teatral de *ABC*.   Estas restricciones eran evidentes tanto por la ausencia de comentarios explícitamente políticos como por la tendencia socialmente conservadora de lo que sí se publicaba.

En suma, el impulso reformista de los colaboradores de *ABC*, se hacía notar en la abundancia de artículos sobre problemas formales y soluciones posibles para el teatro madrileño. Sin embargo, al examinar la totalidad de comentarios publicados en el periódico entre 1918 y 1927, concluyo que este impulso estaba frenado por un compromiso con el teatro vigente y la negación, mayormente por omisión, de la consideración del teatro también como un instrumento de renovación social y política.

CAPITULO V

LA *PAGINA TEATRAL* DE *ABC*: ACTUALIDAD Y RENOVACION DEL TEATRO MADRILEÑO: 1927–1936

La *Página Teatral* de *ABC* se inició el 20 de enero de 1927 y continuó hasta el comienzo de la Guerra Civil.[1] Salía los jueves, y constaba de aproximadamente cuatro páginas dedicadas a la divulgación de información, reseñas y ensayos sobre el teatro. En la *Página* se ofreció la mayoría de los artículos teatrales—antes habían aparecido sueltos y en días distintos—y aumentó la cantidad y la frecuencia de comentarios sobre el teatro en *ABC*.[2] Se ofrecía como foro de polémicas, tribuna de juicios críticos sobre estrenos y reposiciones, y fuente de ensayos en torno a temas teatrales de interés general. Entre los críticos que colaboraban con frecuencia en la *Página* figuraban Manuel Bueno, Luis Calvo, José Alsina, Manuel Abril, y Cristóbal de Castro, quienes escribían sobre diversos temas, y Luis Gabaldón, que—firmando con el seudónimo "Floridor"—aportaba la mayoría de las reseñas sobre estrenos de la semana que aparecían en la *Página Teatral* de vez en cuando.[3] También contribuían ensayos algunos dramaturgos y empresarios, siendo los principales, Felipe Sassone, José Juan Cadenas, José Martínez Ruiz ("Azorín") y Tomás Borrás.[4]

Al lado de los ensayos mencionados, la *Página Teatral* animaba el interés en el mundo teatral de la época por medio de crónicas semanales, suministrando noticias de funciones e información diversa sobre autores, intérpretes y compañías. Sin embargo, al analizar la *Página Teatral* en su totalidad se revela su intención didáctica, orientada por una ideología progresista respecto de la escena. Tenía el propósito de ser fuente de renovación además de información, y educar a los espectadores que, no obstante su interés en el teatro, no solían tener en cuenta las posibilidades teatrales favorecidas por un criterio bien informado.

La actualidad teatral

Una intención evidente en la *Página Teatral* de *ABC* era la de satisfacer el interés de los espectadores, proporcionándoles noticias de una amplitud impresionante. A esto respondía la crónica semanal "Sobremesa y Alivio de Comediantes", y las crónicas ocasionales de "El Tinglado de la Farsa", "El Corrillo Teatral", "Mentidero Teatral", y "Gente y Cosas del Teatro"; aportadoras todas ellas de la chismografía del momento. Ofrecían noticias sobre funciones anticipadas, peripecias de comediógrafos, sucesos de comediantes, etc. Para el lector de la época interesado en los pormenores del mundo teatral, así como para el investigador de tales asuntos ahora, estas secciones, en combinación con las fotografías semanales de escenarios, autores, actores y actrices, son una rica y variada fuente de datos.

Otras secciones de la *Página* también respondían al deseo de informar a los espectadores sobre las preocupaciones y actividades de los profesionales del teatro. Con respecto a los autores, había entrevistas frecuentes, además de series tales como "Los Autores Pintados por Sí Mismos", "Anécdotas de Autores", y "Ultimo Figurín". Además, a lo largo de los nueve años de su existencia, la *Página* invitaba a los dramaturgos a hacer autocríticas de sus obras en vísperas de estreno. La mayoría de los dramaturgos de la época no vacilaron en aprovechar este medio de autopropaganda. Entre ellos figuraban Benavente, Arniches, los Alvarez Quintero, Muñoz Seca, Martínez Ruiz, Luca de Tena, Antonio Paso Díaz, Joaquín Dicenta (hijo), etc. En lo concerniente a los intérpretes, también había un propósito de enlace evidente en las series como "¿Qué Obras Prefiere Ud. Representar?", y "Una Hora de Ensayo", la cual consistía en entrevistas hechas en el escenario mismo antes de los estrenos.

En los artículos teatrales de la *Página* se aprecía el intento de ampliarle al gran público los horizontes temporales y geográficos. Se prolongó así una de las finalidades de los ensayos teatrales aparecidos en *ABC* antes de la fundación de la *Página*. La incorporación de ensayos que intentaban proporcionar una perspectiva histórica acerca del desarrollo teatral destaca el propósito didáctico de la *Página*. Asimismo, estos ensayos apuntan a una voluntad de cambio respecto de la escena, puesto que solían destacar a figuras de gran momento en las transformaciones del teatro, como es el caso de "El centenario del romanticismo y el prefacio de *Cromwell*" (7/IV/27, 10–11), "Ibsen en España" (22/III/28, 9–10), "En el cincuentenario de la muerte de Ricardo Wagner" (16/II/33, 12), y la serie titulada "Calderón, precursor de Wagner y del teatro moderno" (2/VI/27, 10–11; 9/VI/27, 10; 30/VI/27, 11; 25/VIII/27, 10–11; 22/IX/27, 9–10). En cuanto al desplazamiento geográfico, la *Página* aumentaba la tendencia anti-centralista evidente en los comentarios teatrales de antes de su comienzo al incluir reportajes habituales desde fuera de Madrid, con el título de "El Teatro en Provincias y América", donde hacía constar los movimientos de compañías teatrales españolas fuera de la capital. El reconocimiento de que Madrid no era el único foco español de actividad teatral se manifestaba también en la inclusión de reseñas enviadas desde Barcelona, a cargo de Adolfo Marsillach, con contribuciones ocasionales desde allí por parte de Manuel Bueno.

Más importantes que el trasfondo histórico y el alcance nacional de los reportajes, son los esfuerzos por abarcar el desarrollo del teatro a nivel internacional. Los dirigentes de la *Página* no veían la situación teatral en Madrid como aislada de la del resto del mundo y de Europa en particular. Al comienzo de la *Página Teatral*, José María Salaverría declaró que "hoy menos que nunca, no existen fenómenos locales" y, en materias teatrales, "los mismos hechos que advertimos en España se advierten también en el extranjero" (27/I/27, 10). Por consiguiente, semanalmente aparecían crónicas, ensayos y reseñas dedicadas al teatro extranjero. En la crónica semanal titulada "Información y Notas Extranjeras", solían aparecer noticias sobre París, Moscú, Berlín, Roma, Londres, Nueva York—para nombrar los lugares más citados—y otros focos de actividad teatral, desde Checoslovaquia y Hungría hasta el Japón. No faltaban de esta sección las manifestaciones del teatro español en el extranjero. Podrían aparecer, por ejemplo, noticias sobre una producción de los Alvarez Quintero en Italia (3/XI/27, 11), o sobre una ópera española en Río de Janeiro (20/IX/28, 11). Sin embargo, la atención se dirigía principalmente a las figuras y manifestaciones de innovación en el extranjero. Los nombres más mencionados eran los de Pirandello, Sem Benelli, D'Annunzio, Jules Romains, Lenormand, los Pitoeff, Cocteau, Piscator, Jorge Kaiser, Shaw, O'Neill, y el Teatro de Arte de Moscú. De los muchos ejemplos concretos que se podrían citar, pongamos "Información y Notas Extranjeras" para el 17 de marzo de 1927 (pág. 12), donde se ofrecen noticias sobre una representación de Calderón en Berlín, comentarios de la última producción de Jorge Kaiser, también en Berlín, noticias del dramaturgo Karolyi exiliado de Hungría, y la consideración de una obra de Jules Romains en París.

Además de la crónica anónima presentada en "Información y Notas Extranjeras", figuraban la colaboración habitual de Manuel Bueno desde París, aportaciones ocasionales desde Roma y Londres por Rafael Sánchez Mazas y Luis Antonio Bolín, respectivamente, y series de ensayos sobre dramaturgos en el extranjero, como la de "Dramaturgos Extranjeros Contemporáneos", donde se escribía sobre Jean Cocteau (13/XII/28, 13; 3/I/29, 10)) y se presentaban ensayos sobre Benelli (28/IV/32, 123), Piscator (24/X/35, 12), Chiarelli (27/VI/35, 12) y Jorge Kaiser (12/III/36, 12). Asimismo, se documentaban las visitas a Madrid de las figuras vanguardistas, como en los ensayos que aparecieron a raíz de la actuación de los Pitoeff en Madrid, en febrero de 1927 (3/II/27, 9; 10/II/27, 13). Evidente en toda la selección de información sobre el teatro extranjero es la intención de situar la producción nacional dentro de un marco internacional lleno de innovaciones y experimentos.

La crisis del teatro

La intención renovadora de la *Página* también se observa en los numerosos ensayos dedicados a los problemas teatrales de la época. Piedra angular de ello era la aguda conciencia de decadencia y crisis en el mundo teatral. De principio a fin de la *Página Teatral* aparecieron ensayos y comentarios sobre las dificultades que padecía el teatro. Siguiendo la pauta de los artículos teatrales entre 1918 y 1927, los elementos más comentados de la cuestión eran la influencia del cine, los empresarios, los autores, los actores, el repertorio, y los gustos del público.

De gran interés para los colaboradores de la *Página*, era la competencia ofrecida al teatro por el cine. Este no sólo salía más barato y le robaba público al teatro, sino que a menudo se veía como dotado de novedades que la escena haría bien en emular. Una reacción representativa es la de José María Salaverría, quien afirmó que "el cinematógrafo se encuentra al frente de los motivos que influyen en la decadencia teatral" (27/I/27, 10). Según él, "el público grueso, la masa, o sea la parte voluminosa que influye directamente en la taquilla... ese público denso se va decididamente al cine". En parte esto se debía a que el teatro no se adaptaba a la modernidad en comparación con el cine. Salaverría notó que

> la lucha es dramática. Y mientras el teatro, como si se hubiese quedado perplejo ante las transformaciones de la vida moderna, en realidad, sólo acierta a "repetirse", el cinematógrafo, joven y vital, y, sobre todo, hallándose a gusto dentro de la ráfaga contemporánea, se siente capaz de sucesivas sorpresas.

Además del problema contingente del cine, había otras condiciones más intrínsecas al teatro que le perjudicaban, como el criterio crematístico de los empresarios. La crítica que se dirigía a los empresarios no variaba a lo largo de los veinte. Como notó Juan Alvarez de Estrada, ellos habían "supeditado todo éxito al 'balance de taquilla'", y por consiguiente, ponían las obras de "los autores de repertorio consagrado", ofreciendo así poca posibilidad de innovación (28/I/32, 11). Antonio Hoyos caracterizó esta condición como "mercantilismo por parte de las empresas" determinadas "a ganar, ganar mucho, sea como sea" (24/II/27, 7).

En lo que se refería a los autores, el problema seguía siendo la consagración de unos pocos y la exclusión así de los muchos noveles. Manuel Bueno acusaba la escena de una "monotonía desesperante", en parte debido a que tenían "acotado el teatro" cuatro autores que ejercían "una especie de dictadura", y a que, como esos autores no renovaban "sus ideas ni sus normas de trabajo", permanecía "estacionario" el arte dramático (11/II/32, 15). El monopolio escénico tenía otras causas, además del conservadurismo de los empresarios, según Cristóbal de Castro. El halló que, respecto de los autores, el dominio de los pocos se debía a la falta de instrucción de los demás, en un ambiente donde había "una aversión profunda a todo lo intelectual" y los autores teatrales se ufanaban "de no ser escritores" (17/I/35, 15).

El mismo crítico también se quejaba del reducido alcance artístico de los actores y de las compañías que éstos solían formar. Dos eran los problemas señalados: El estrellismo, es decir, la formación de compañías alrededor de uno o dos intérpretes de cierto renombre con un elenco de actores secundarios de nivel mediocre; y la falta general de preparación profesional de la mayoría de actores y actrices. En cuanto al estrellismo, la observación típica era que, en vez de proseguir la alternativa de formar conjuntos de intérpretes de nivel logrado, cada vez que un actor o una actriz conseguía un modesto nivel de éxito, "ellos preferían formar compañías con elementos mediocres en las que [hacían resaltar] la personalidad" (28/I/32, 11). Representativo de la indignación ante la falta de preparación es este comentario de Cristóbal de Castro sobre las actrices:

> En todas partes, las actrices—desde la tragedianta a la "vedette"—han estudiado en el Conservatorio, en el

Colegio, en alguna parte; aquí, la mayoría de las
actrices no ha pasado, ni casualmente, por el Conser-
vatorio, y es más, ellas se enorgullecen de su falta de
"nociones de cultura" (17/I/35, 15).

Otro defecto subrayado en los ensayos consultados era el efecto
que los intérpretes tenían en la composición de las obras. En un
ensayo de Cristóbal de Castro, éste nota que "el vicio inmanente e
insuperable del teatro español ha sido, de Lope a la fecha, un vicio de
organización, en que los dos factores esenciales y primarios—cómicos y
comediógrafos—iban de consuno, en tácita amiganza e inmoral con-
tubernio artístico". Según él, los autores solían "rendirse a las limitaciones, aficiones y capacidades del cómico", y esto resultaba en "la
unanimidad de ritmo y la ausencia de matices que distinguen" el
teatro español (30/VI/27, 10). Martínez Ruiz también se fijaba en la
uniformidad de la oferta teatral, notando que entre las cincuenta
compañías en existencia, "todas, absolutamente todas, tienen el mismo
repertorio" y así, "lo mismo da ver a una que a otra". Por consiguiente "el público, en la extensión de España entera, en ciudades y
pueblos, llega pronto a saturarse" (28/VII/27, 10).

Es posible que la semejanza de repertorio entre las compañías
haya generado otro problema muy comentado en los ensayos dedicados a la crisis teatral, esto es, el estrenismo: la insistencia en siempre
poner obras nuevas sin dedicar recursos a la reposición de las obras
logradas de antaño. Según Sassone "las reposiciones no sirven porque
la palabra estreno es la mágica varita". Por otra parte, observa que
"se estrena siempre lo mismo, lo que ya gustó" (28/VI/34, 14). Y lo
que gustó en los años en cuestión no era el teatro serio, sino "el teatro
cómico más bajo y mezquino que vieron los tiempos" (30/VIII/34, 14).

El predominio de comedias de bajo vuelo (juguetes cómicos,
vodeviles y astracanadas) era motivo de frecuentes expresiones de
desaprobación en la *Página Teatral*. Típica era la queja de un ensayista
que firmaba sus artículos "El Lazarillo de Madrid". En un artículo
titulado "Los Pirineos y el teatro español contemporáneo", se maravilló
del aislamiento y de la mala calidad de la escena española, donde casi

no se podían ver las obras de George Bernard Shaw.   Exclamó:
"¿Vencido Bernard. Shaw?... ¿Por el chismorreo de comadres en su
patio andaluz?   ¿Por las astracanadas?   ¿Por las obras sin alma, los
muñecos de trapo, sin vida propia, sin complicaciones ni problemas
que resolver?" (12/III/31, 18).

La preferencia de los espectadores por ciertos géneros teatrales
apunta por un lado a la cuestión del repertorio.   Pero en muchos
artículos, también se planteaban temas acerca del público mismo, sus
gustos, su naturaleza, su papel en la crisis y decadencia teatrales.
Ante su gusto por las astracanadas y juguetes, Manuel Bueno señaló
cómo la ignorancia de los espectadores condicionaba a los autores al
tiempo que favorecía el mercantilismo de las compañías.   Opinaba que
España padecía de una "indigencia filosófica" porque, "como la tónica
del gusto colectivo la fijan los elementos sociales menos inteligentes y
curiosos, los escritores están obligados a supeditar su obra a las orien-
taciones que establecen el éxito" (3/I/29, 10).   En otra ocasión agrega:
"esa evasiva estúpida... sólo encubre una profunda ignorancia y un
mercantilismo del más bajo vuelo" (16/XI/33, 15).   Le secundó en esto
el dramaturgo Luis Fernández Ardavín, notando que en el teatro de
antaño "el autor iletrado no podía darse como hoy.   Hoy, sí.   Se diría
que el público concurre a los teatros para rebajarse, para empequeñe-
cerse" (18/XII/30, 10).   Por su parte, Felipe Sassone reaccionó con la
afirmación de que no había "nada tan conservador en España, conservador en el mal sentido, en el sentido estacionario, que en arte es peor
que retrógrado, como la gente de teatro" (11/V/33, 14).

Reconociendo que el teatro es un arte fundamentalmente social,
algunos comentaristas de la *Página Teatral* buscaban la raíz de la crisis
en los cambios sufridos por la sociedad, traumas que la apartaban cada
vez más de la escena.   Felipe Sassone mantenía que "en épocas difíciles para la sociedad, cuando la atención anda distraída y la sensibilidad descarriada, el teatro y el arte, al fin y al postre, fenómenos
sociales, se enferman" (2/VIII/34, 12).   Asimismo, José María Salaverría
insiste que "la desintegración de la sociabilidad" en una sociedad "tan
voltijeante, tan vertiginosa, tan ocupada" hace difícil "que permanezca

quieta durante cuatro horas en un teatro" (27/I/27, 10).

Otros críticos atribuían la crisis a la decadencia moral de la sociedad. Un ensayo de Xavier Cabello Lapiedra sostiene que "la crisis del teatro es la crisis de la sociedad, como aquél es el reflejo de ésta" y, añade en seguida, "el materialismo y la ramplonería cursi han substituído al alimento, la higiene y la medicina del espíritu, y en ese ambiente lo que se escribe para el teatro, como lo que se hace en cuanto a la vida espiritual se refiere, está en crisis" (23/VIII/34, 14). Asimismo, J. Polo Benito creía que "a semejanza de los demás estados críticos que sombrean la vida social, también en este del teatro y acaso más sensiblemente que en los restantes, el pecado moral ha traído el desastre económico" (30/VIII/34, 14). Manuel Bueno creía que el público no se iba a interesar en el arte serio porque vivía en un "ambiente de apetitos innobles, de sumisiones serviles y de resistencias a todo lo que no sea la satisfacción inmediata de una codicia o de un interés". La sociedad moderna era, para Bueno, una nueva cultura, que se contentaba "con domar el músculo sin preocuparse para nada del espíritu" (7/IX/33, 10).

Como en el caso de los artículos teatrales en *ABC* entre 1918 y el comienzo de la *Página Teatral* en 1927, eran escasos los comentarios que relacionaron los problemas del teatro con circunstancias sociales. Constituían excepciones a la regla general de analizar tendencias formales sin vincularlas con las transformaciones sociales de la época. Sassone contribuía a estos artículos excepcionales, ofreciendo un comentario sobre la composición socio-económica del público madrileño. Mantenía que éste se componía de "tres clases: aristócrata, clase media y pueblo". Descartaba la influencia de la primera clase, indicando que no iba "al teatro, sino a las funciones solemnes" y lo que les importaba a sus miembros era "verse unos a otros". Tampoco iba la "aristocracia intelectual" porque tenía "una imaginación de primer orden. ¿Para qué [iba] a molestarse?". El pueblo tampoco acudía, según Sassone, porque tenía "un santo horror a la palabra" y "el teatro es, ante todo, palabra". Quedaba la clase media, cuyo teatro era "el de los sentimientos fisiológicos y orgánicos... la parodia mezquina y ridícula de la fiereza, del ímpetu del malo y de la inteligencia" (7/V/31, 9–10, para todo lo anterior).

El desprecio de Sassone de la farsa cómica y del melodrama hallaba un eco en la *Página Teatral*, pero raras veces ésta se prestaba a una censura tan explícita de su público. El colaborador tal vez más crítico de los espectadores madrileños era Manuel Bueno. Mantenía, por ejemplo, que las limitaciones temáticas de la escena española, en comparación con la francesa, se debían a la intolerancia moral del público español. Notó que en Francia, "el dramaturgo no trabaja como en España, cohibido moralmente por el público" y añadió que "esa limitación da, sin querer, a nuestra producción dramática un aire convencional, de vida truncada, que impide al escritor reflejar fielmente las oscilaciones de la sensibilidad y las rebeldías mentales de su tiempo" (13/X/27, 11). Juan Pujol reanudó el examen de los contrastes entre el teatro español y el francés afirmando que éste era mucho más acogedor de la representación de lo desagradable en la vida. Apuntó que el teatro francés, "cualesquiera que sean sus modalidades externas, constantemente aborda temas que la realidad sugiere, sin que ningún conflicto, por cruel y prosaico que sea, le parezca indigno como materia de arte" (19/VI/30, 10).

En otros artículos Bueno desarrolló su análisis de la relación entre el teatro y la sociedad. Denunció los gustos de los espectadores españoles, declarando que sólo querían un teatro para "sacudir el ánimo con el drama pasional o divertirle con la caricatura de costumbres" y rechazaban todo lo que pretendía alterar su "nirvana intelectual". Asimismo, la clase alta también contribuía a "ese atraso de nuestras clases directoras, que han tenido al pueblo sujeto al parvo régimen de pan y catecismo". Bueno notó el alcance limitado del teatro español, observando que no salía "de lo estrictamente ortodoxo en materia de costumbres y de tendencias mentales". Pidió una apertura, y la emulación de tendencias renovadoras en el extranjero. Quería "el libre examen de lo que piensan y sienten grandes núcleos humanos separados de nosotros por el muro del idioma", y citó a Max Reinhardt: "El drama moderno busca una nueva fórmula que pueda traducir la metamorfosis cultural de nuestra época, y esta fórmula será una obra corta, saturada de todos los problemas de los tiempos actuales". Para Bueno, el conflicto de clases era una de las cuestiones principales que el teatro debía abordar. Por eso, reprobaba a los espectadores que respondían al teatro que llevaba "un problema cualquiera de conciencia o de contraste de clases y de intereses... [haciendo] un gesto de tedio: ¡Qué lata de obra!" (10/III/32, 10–11). Bueno mantenía, con discernimiento certero en vista del desarrollo histórico, que la temática teatral debía abordar dos problemas, el feminismo y el socialismo: "la reinvindicación del derecho de la mujer a la plenitud de sus libertades, sin excluir aquella que le está vedada por el sexto mandamiento, y la inquietud ultrasocialista de la generación masculina presente" (15/V/30, 10). El crítico consideraba que esta temática formaba parte de "la realidad viva" (Ibid.), y censuró al público por querer ignorarla.

Estos y otros comentarios hacen notar un análisis más explícitamente social del que se ofrecía en *ABC* antes del inicio de la *Página Teatral*. No obstante, las reclamaciones del libre examen de las ideas en verdad no eran muy frecuentes en la totalidad de los artículos publicados en la *Página*. La crítica solía ocuparse más de la creación artística al margen del mensaje moral o político. Los colaboradores de *ABC* se alejaban de las obras con una tesis social. Sintomático era un artículo de Pujol titulado "Teatro revolucionario". Escrito el 23/VII/31, poco después del establecimiento de la Segunda República, el ensayo afirmó que los hechos recientes no podían ser propicios a una temática teatral. Declaró: "Los conflictos están demasiado cerca de nosotros para que se pueda someterlos, sin riesgo de desnaturalizarlos, a esa simplificación que el teatro supone siempre". Pujol pidió tiempo y distanciamiento artístico, manteniendo que "esa misma cercanía de los temas y los héroes posibles por fuerza ha de repugnar al artista verdadero". Abordar la temática social en esas condiciones sería sacrificar el arte por el mensaje. Plantearía un teatro que era "más un instrumento de propaganda que una rama de la literatura" (23/VII/31, 13, para todo lo anterior).

Aun Bueno ponía de manifiesto su ambivalencia con respecto al teatro político. Por una parte, recomendaba más seriedad y apertura ideológica. Por otra, censuraba la obra programática. Declaró: "Sostener tesis políticas en el teatro es pisar un terreno muy escurridizo, con endebles probabilidades de proselitismo". Bueno quería una temática social que no incurriera "en parcialidades doctrinales o en fanatismos partidistas", lo cual exigía que el autor escribiese con "la probidad y la mesura, indispensables en el arte" (18/I/34, 13–14). Esto suponía, para Bueno, una obra que se desentendiera de la tesis preconcebida "para ceñirse escueta a la exposición de los hechos, a la pintura de los caracteres y al contraste de las pasiones y de los intereses de una época. Más veraz es Shakespeare, como historiador, que César Cantú" (12/IV/34, 15).

Este comentario de Bueno subraya la primacía de los criterios aristotélicos, aun en el acercamiento a las obras de contrastada temática social. El carácter, el conflicto dramático y el interés humano formaban la piedra angular para la crítica de la obra literaria, así como para los críticos examinados en el primer capítulo y como para Gabaldón. Los artículos de la *Página*, especialmente los de Bueno, tenían mayor alcance en su análisis social que los de antes de su comienzo, pero en el fondo, ahí, como en lo anterior, imperaba el criterio que Sassone formuló así: "toda obra de arte empequeñece y pierde valor artístico en cuanto se manche de simpatías o antipatías éticas y pretenda tener un fin docente" (3/VII/25, 1).

La subordinación de consideraciones éticas a las estéticas sugiere cierta afirmación del *statu quo* político por parte de los colaboradores de la *Página Teatral*. Por otra parte, era evidente un intento constante de respaldar obras experimentales de Rusia, Alemania, Francia, Inglaterra, Estados Unidos, etc.. La gran cantidad de artículos dedicados a la seriedad, filosofía, calidad literaria y carácter experimental de lo extranjero en comparación con lo doméstico apunta a la promoción—aunque sólo implícita—de un teatro de crítica social. Si es cierto que la renovación social quedaba muy en segundo término durante los años estudiados, sin embargo, formaba parte del programa de unos pocos críticos de la *Página*. Ellos entendían, como Bueno, que, al menos en algunas de las obras renovadoras, eran evidentes "los fuegos cruzados de la política y del arte para destruir lo actual" (12/IV/34, 13).

Para la renovación del teatro

Vistos los varios aspectos de lo que se percibía como crisis y decadencia del teatro español planteados en la *Página Teatral*, pasemos al capítulo de las soluciones propuestas en gran número de los ensayos aparecidos entre 1927 y 1936. Consideremos, pues, el impulso regenerador de la *Página Teatral* según éste se aplica al público, a la crítica, al ejemplo del progreso internacional, a la estética teatral y al planteamiento de iniciativas para el teatro español.[5]

Tema principal en lo que concierne a la renovación del público era la exigencia de formación cultural. Un comentario de Juan Alvarez de Estrada sostiene que, para los que se apartan del éxito fácil del "aturdimiento en la comicidad violenta" si bien tienen que encararse con una lucha desalentadora al principio, pronto verán "florecer el rosal de sus ilusiones". Así, teniendo en cuenta las producciones de "Antoine, Dhiaguilef, Baty y Coppeau, entre otros", Alvarez de Estrada opinaba que "el público es de quien lo educa, lo doma, y, a la larga, al resurgir la normalidad en su espíritu, [el público] busca la belleza en todas sus manifestaciones" (28/I/32, 11). Esta educación dependía del ejemplo de las buenas obras, aun si no fueran al principio muy rentables a nivel económico. Así, Francisco Marroquín escribió que la misión del teatro "no es adular una preferencia popular, sino educarla, aunque sea a coste de íntimos sinsabores y menguados trimestres" (22/IX/27, 13). José Alsina creía que "cuanto se haga para mostrar a los espectadores las rutas del buen gusto y para elevar su nivel espiritual redundará en beneficio de la producción dramática" (10/X/35, 15). J. Polo Benito, según su concepto moral de la crisis, sostenía que "forzosamente los remedios más inmediatos y urgentes tendrán que ser de igual naturaleza". Para él, como para muchos, el teatro debía ser "servicio de cultura pública" (30/VIII/34, 14).

Otro aspecto del programa de renovación de la *Página* era la consideración del papel de la crítica en el proceso educativo del público. Alvaro Alcalá Galiano le otorgaba un cometido soberano, afirmando que la crítica era guía y regla de la estética teatral, "género imprescindible, que, en lo referente al mundo de teatros, tiene el valor de la existencia real" (17/III/27, 8). Martínez Ruiz definía la misión del crítico como la de "explicar, tratar de comprender, poner de manifiesto con claridad las razones, los motivos, las causas lejanas o próximas, la modalidad y contextura, en suma, de un hecho literario" (1/IX/27, 9). Quizás mejor se resume la posición didáctica de la *Página Teatral* con la explicación anónima que encabezaba una encuesta de críticos de otros periódicos en 1932 sobre "Defectos notados en la temporada teatral anterior y su posible remedio": "Creemos que la misión de la crítica no puede ser sólo de enjuiciamiento, sino también de apostolado" (14/VII/32, 12).

Parte integral del impulso regenerador manifiesto en la *Página* es la atención prestada a la escena internacional. Varios escritores concebían esta tentativa a base de una antítesis entre libertades temáticas extranjeras y restricciones nacionales. Responden a este planteamiento las siguientes líneas de Cristóbal de Castro, quien creía que, para crear en el público

> un espíritu de reforma... lo primero que para ello urge es mostrarle el progreso universal escénico. Hacerle ver que España vive en un atraso afrentoso. Ponerle ante los ojos la libertad que en todos los países tiene el dramaturgo para escenificar temas y asuntos que aquí, arbitrariamente, se rechazan (10/X/35, 15).

En vista del afán de cambio promovido en la *Página Teatral*, no sorprende la atención dada a las tentativas vanguardistas, tanto nacionales como extranjeras. Hemos notado ya la inclusión de aportaciones semanales en la sección titulada "Información y Notas Extranjeras", y la existencia de ensayos sobre destacadas figuras y tendencias en Europa y las Américas. Sirva de ejemplo de este interés un ensayo de

Luis Calvo sobre la producción de Lenormand, titulado "El llamado teatro de vanguardia" (1/III/28, 9–10). Allí, Calvo demostraba tener la doble intención de ampliar la aceptación pública del concepto mismo de teatro vanguardista y de hacer comentario sobre lo que se hacía resaltar en la obra de Enrique Renato Lenormand. Creía Calvo que

> un fenómeno característico—y determinante—de la cerrazón de horizontes escénicos en España es, quizá, el dejo de burla y de sobreentendida ironía que comunmente se adscribe a este moderno y manido tropo bélico: teatro de vanguardia. Ello, al cabo, plantea una disyuntiva: o no se sabe lo que es el llamado teatro de vanguardia, o se sabe y se desprecia porque no se comprende (9).

En cuanto a lo aportado por Lenormand, Calvo destacó su énfasis en el conflicto entre "lo consciente y lo inconsciente", y la potenciación de la escenificación (10). Notó que "todas las artes auxiliares son puestas al servicio del drama: luz, color, música" (Ibid.). Estas dos vertientes—las dimensiones no conscientes de la experiencia humana, y la síntesis de las artes, en combinación con la plena realización de las posibilidades plásticas en la escena—subyacen la mayoría de ensayos en la *Página* sobre nuevas tentativas teatrales.

Clara indicación del interés en la subconsciencia es la serie de ensayos dedicados al superrealismo que surgió a partir de la autocrítica que Martínez Ruiz escribió sobre su comedia *Brandy, mucho brandy*. Allí proclamó este autor, en una especie de manifiesto, que "el teatro de ahora es superrealista; desdeña la copia minuciosa, auténtica, prolija, de la realidad" (17/III/27, 7).[6] A raíz de esta autocrítica, y del estreno de la obra misma, la *Página* publicó una encuesta titulada "El superrealismo en el teatro" la cual recogía entrevistas sobre el tema con Martínez Ruiz, Benavente, Pérez de Ayala, Guillermo de Torre, y Muñoz Seca (31/III/27, 10–11). Luego otros dos dramaturgos, Felipe Sassone y José López Rubio, agregaron sus ensayos a los que Martínez Ruiz seguía publicando, abriéndose así un debate sobre el superrealismo y su manifestación en el teatro (Sassone 26/IV/28, 10–11; López Rubio 10/V/28, 10; Sassone 17/V/27, 10). El hecho de que el superrealismo teatral era una cuestión polémica en estos años está indicado por la gama de opiniones presentadas, desde las que se referían al manifiesto de Bretón y creían que el superrealismo era primariamente una tendencia poética (Pérez de Ayala, Torre, López Rubio), a los que lo veían como posibilidad abierta, todavía sin definir (Sassone, Martínez Ruiz), a los de opiniones diversas, como Muñoz Seca, que lo concebía "como una visión que está sobre todo lo que sea normal... [que] no puede existir nada más que en lo cómico", y Benavente, que se confesó "completamente despistado" ante la idea del teatro superrealista (31/III/27, 10–11).

Otra manifestación del interés suscitado en la *Página Teatral* por las tendencias vanguardistas es la inclusión de una serie de cuatro ensayos de Gastón Baty.   Proclamado en la *Página* como "el más avanzado y universal director de escena del nuevo teatro francés" (24/V/27, 9), Baty empezó con un artículo titulado "El malestar de la escena contemporánea", y siguió su colaboración bajo la rúbrica "Hacia un nuevo teatro" (24/V/27, 9–10; 5/VII/28, 10; 7/VI/28, 10; 13/IX/28, 10–11).   En estos ensayos Baty promovía la realización escénica con la inclusión en la representación de las posibilidades de "pintura, escultura, danza, prosa, verso, canto, sinfonía" (13/IX/28, 10).   Entrando en la polémica sobre literatura y espectáculo, notó: "sabemos cómo el equilibrio admirable fue roto por el predominio de la palabra.   Nosotros queremos volver a colocar la palabra en su puesto.   Todo lo que pueden expresar la luz, el color, el gesto, el movimiento, el ruido o el silencio, la palabra no debe decirlo" (Ibid.).

Queda implícito en la cita anterior el tema recurrente en la *Página* de la representación frente al texto.   Típico de la opinión crítica allí presentada es un artículo de Martínez Ruiz, titulado "Contra el teatro literario", donde el autor mantenía al respecto que "el texto es sólo uno de los elementos" del teatro, entre otros, como "el gesto del actor, el decorado, la luz, la música—si la hubiese—" (21/IV/27, 7).   Aspecto clave de la cuestión representación/texto es la importancia del director de escena, el cual era, según Francisco Marroquín, "casi ignorado" en España (22/IX/27, 13).   En los años en cuestión, la dirección de escena solía estar a cargo del primer actor o de la primera actriz, del empresario, del autor o de una combinación de ellos, situación problemática en la opinión de varios críticos de la *Página*. Hasta en el año 36, José Alsina opinaba que "una de las principales causas del marasmo que padece nuestro teatro contemporáneo... [es] la ausencia total de orientación artística" y proclamó la necesidad del director de escena que no fuese primer actor o primera actriz (7/V/36, 12). A su vez, Luis Calvo alabó el Teatro de Arte de Moscú, donde "actores, autores y escenógrafos habían de sacrificar sus entusiasmos personales y sus ambiciones en aras de la obra de arte" sometiéndose a una dirección superior (17/III/27, 11), y Estévez-Ortega notó que, para la compañía vanguardista de los Pitoeff, "el *metteur* es tan importante o más que el propio autor y que su intérprete" (2/XI/33, 12). Gastón Baty contribuyó a la discusión con la afirmación de que "los mismos que quisieran seducir el texto a no ser más que un género literario, juzgan que el *metteur en scène* toma demasiada importancia, y que es a expensas del autor. Este sabe restituir en torno a las palabras todo cuanto esas palabras no han sabido decir" (5/VII/28, 10).

Un aspecto de la cuestión representación/texto merecedor de tratamiento propio es el tema de la escenografía. Una sección de la *Página Teatral*, que aparecía cuando menos mensualmente, era la de las "Acotaciones Sobre la Plástica en la Escena", a cargo del escenógrafo José D'Hoy. En esta sección aparecían numerosos artículos dedicados a los últimos avances en la técnica escenográfica de Europa y las Américas, con fotografías, diagramas y dibujos. D'Hoy procuraba adelantar la prudente adopción de los mejoramientos en su campo. Deseaba que los escenarios—como sus ensayos—"fuesen también modelos que admirasen los espectadores y los educasen" (3/XI/27, 11). Escribía sobre las innovaciones en la iluminación y sobre los cambios de escena a base de tablas giratorias o plataformas movibles (22/V/30, 11–12). También defendía "la aplicación equilibrada" de las tendencias modernas (28/VI/28, 12). Afirmaba que "el escenográfico moderno", podría "sustituir la anticuada realidad al convertir las decoraciones escénicas en decoraciones del espíritu de las escenas" (24/X/29, 11).

Esta adaptación espiritual podría suponer, "según requieran las obras", una decoración realista, una de realismo "simplificado", o una decoración sintética apta para la obra vanguardista (16/VI/27, 13).

Otros críticos tomaban parte también en la consideración de la escenografía, especialmente en lo que atañía a la iluminación. En algunos teatros, tal vez muchos, seguían en uso las candilejas, que iluminaban la escena desde abajo. Además de D'Hoy, Felipe Sassone y Martínez Ruiz demostraban tener interés especial en sustituir la práctica usual por la adopción del juego de luces, con las posibilidades de matizar que éste ofrecía (Sassone 1/IX/27, 9-10; 6/X/27, 14; 30/XI/33, 11, 15) y Martínez Ruiz (15/IX/27, 10-11; 29/IX/27, 10-11).

Dentro de la misma línea reformadora, la *Página Teatral* se prestaba a otras tentativas estéticas que apuntaban tanto a la amplitud de su criterio como a su propósito didáctico. Por una parte, muchos ensayos estaban dirigidos a la consideración estética del repertorio. En la vertiente negativa ya hemos señalado la preocupación con la astracanada, en nuestra discusión del tratamiento de la crisis teatral. A esto podemos agregar ensayos que critican: las comedias inocentes o blancas (19/I/33, 14; 24/II/27, 11-12); la decadencia de la revista (15/XI/34, 14); la confusión entre la comedia y el sainete (31/X/35, 12,15); y la popularidad creciente del melodrama policiaco, tipo estadounidense (19/IX/29, 10-11; 26/IX/29, 10-11; 20/II/30, 10; 27/II/30, 10-11; 25/IX/30, 10; 11/XII/30 15-16; 12/III/36, 12-13).

En la vertiente positiva, varios ensayos se dedicaban a tendencias vistas como halagüeñas en el drama. Se puede mencionar una serie de artículos, en los que Manuel Abril consideró cómo varios dramaturgos innovadores—como Pirandello, Lenormand, Shaw, Claudel y Gheon—se alejaban del drama de tesis para plantear dilemas sin solución, notando que el teatro moderno iba "en busca de la conciencia" (6/VIII/31, 15). Abril aplaudió la práctica de estos dramaturgos de distanciarse del efectismo corriente, viendo en el alejamiento de "la consabida tramoya del sentimentalismo" una esperanza de renovación dramática (16/VII/31, 23).

Además de aportar información, ocuparse de la crisis y plantear cuestiones estéticas y teóricas, aparecen en la *Página* sugerencias dirigidas al remedio de tres problemas mayores: el descuido de la dramática clásica; la falta de apoyo nacional al teatro; y la difícil vida de las iniciativas al margen del teatro comercial.

Entre los varios ensayos escritos sobre el antiguo teatro español, abundan los que pedían la reposición de las obras clásicas, otros que consideraban cuál era la relación entre los dramaturgos clásicos y la dramaturgia actual y otros que examinaban cómo las obras clásicas se debían representar. La reposición suponía la existencia de respaldo público que no era evidente a los empresarios del momento. Muchos críticos creían que lo que faltaba era la determinación de reeducar la sensibilidad y el entendimiento de los espectadores. Al respecto, Enrique Uhthoff afirmaba la necesidad de insistir en "representar obras clásicas" pese al riesgo de un período inicial de ganancias reducidas, logrando así que el público volviera a apoyarlas "a fuerza de una educación reiterada de su gusto", que se había "desviado hacia la frivolidad pueril... y la ordinariez chistosa" (31/I/35, 14). Otra promoción pedagógica de los clásicos presentada en la *Página* era la serie titulada "Calderón, precursor de Wagner y del teatro moderno", por Blanca de los Ríos de Lampérez (2/VI/27, 10–11; 9/VI/27, 10; 30/VI/27, 11; 25/VIII/27, 10–11; 22/IX/27, 9–10). Según estos ensayos las tendencias modernas del teatro no dejan de reflejar las técnicas simbolistas de Calderón, el tema existencial, y lo que Ríos de Lampérez planteó como su apartamiento del realismo hacia la teatralización del teatro: "Lo que acerca a los innovadores al teatro de Calderón es la tendencia antinaturalista y el anhelo de reteatralizar el teatro, la aspiración a un teatro integral" (9/VI/27, 10).[7] D'Hoy abogaba por la reconstrucción minuciosa de las obras clásicas (1/IX/27, 11), mientras que, en otros artículos, también se plantearon los problemas de cómo refundirlas (24/I/29, 10–11; 11/IX/30, 10–11).

Para apoyar el teatro clásico y al mismo tiempo promover nuevas tendencias artísticas, varios contribuyentes a la *Página teatral* señalaron la necesidad de fomentar un Teatro Nacional (Sassone 29/VIII/29, 10; 28/VII/32, 14; 2/VIII/34, 12–14; 25/X/34, 14). Eran frecuentes las comparaciones hechas entre la situación española y la de otros países. Sintomática era la lamentación de Luis Calvo, quien afirmaba que,

> en el mundo entero, salvando a Inglaterra, se acepta el principio económico de que siendo el teatro un servicio de utilidad pública, como la escuela y la Universidad, el Estado debe sufragar la diferencia entre el coste mínimo de buenas representaciones y el ingreso máximo que el individuo puede ofrecer para el disfrute de ese servicio, [mientras que en España] desde Carlos III han fracasado todas las demandas enderezadas a una subvención (17/IX/31, 11).

Otras consideraciones acerca del Teatro Nacional trataban de cómo estaría organizado, qué tipo de dirección tendría y cuáles serían los criterios de su repertorio (Sassone: 28/VII/32, 14; Sánchez Ocaña: 5/V/27, 10–11; Castro: 9/III/33, 12).

Dentro del panorama aquí descrito, la promoción de un Teatro Nacional respondía claramente a la búsqueda de alternativas al teatro comercial. En la sección dedicada a la crisis teatral, ya indicamos las quejas dirigidas a la monotonía del teatro al uso y a su dominación por unos pocos autores. Como primer paso hacia una solución, se recomendaba en la *Página* la creación de un Teatro de Independientes para fomentar la actividad vanguardista (30/VI/32, 10–11; 11/II/32, 15; 2/III/33, 12). Un teatro de aquella índole no habría estado al alcance de cualquier espectador, pero se anticipaba que tendría repercusiones positivas para el teatro mayoritario. Así lo creía Tomás Borrás cuando mantenía que "con ello se logra que en el repertorio vaya infiltrándose esa levadura de buen arte que modificará insensiblemente la tonalidad general de nuestra comedia" (30/VI/32, 11).

Otras respuestas al dominio de unos pocos dramaturgos aparecieron en la *Página* lanzadas como iniciativas para dar acceso a la escena a autores inéditos. En un artículo titulado "Hacia un teatro nuevo" se presentó una propuesta de Gregorio Martínez Sierra dirigida a Ortega y Gasset para que éste encabezara un comité crítico destinado a juzgar las mejores novedades, las cuales Martínez Sierra se comprometió a representar (15/IX/27, 10). Otra iniciativa, que dio resultados más concretos que la anterior, era de la *Página* misma. Se abrió en ella un "Concurso de obras teatrales para noveles", el 24 de febrero de 1927 (pág. 7), solicitando manuscritos de todos los aspirantes que no hubieran conseguido representar una obra hasta la fecha, y ofreciendo tres premios pecuniarios, y además, la seguridad para el ganador de representar su obra. Como respuesta a su iniciativa, la *Página* recibió la asombrosa cifra de 884 manuscritos entregados.

Conclusión

En resumidas cuentas, es evidente que la *Página Teatral* es una rica fuente de información sobre el teatro de la época. Proporciona datos abundantes sobre comediógrafos, intérpretes, obras, estrenos y reposiciones, y es un foro de crítica sobre las cuestiones del momento. La *Página* manifestó un criterio internacional en la inclusión de noticias extra-madrileñas, y se desplazó temporalmente con la incorporación de perspectivas históricas. Su intención regeneradora se puso de relieve en las muchas aportaciones sobre el desarrollo teatral en el extranjero, a la vez que se hizo notar en el acercamiento a los problemas teatrales de la época. La crisis y decadencia provocaron numerosos ensayos sobre diversos aspectos del mundo teatral: teatro y cine, empresarios, autores, actores, repertorio y público, teatro y sociedad. Variadas también eran las consideraciones acerca de la renovación estética y los posibles remedios de la situación teatral. En suma, la *Página Teatral* de *ABC*, en combinación con las secciones teatrales de otros periódicos de la época, se ofrece como documento imprescindible para el estudio del teatro español entre 1927 y 1936.

SUMARIO

En su estudio *Ideología y discurso crítico sobre el teatro de España y América Latina*, Juan Villegas ha comentado la tendencia a la homogeneidad ideológica y estética en la crítica. Nota que, "En términos generales, tanto el discurso dramático teatral como el crítico aceptados como definidores o representativos de un determinado momento histórico corresponden a los sistemas de valores estéticos e ideológicos vigentes en los grupos culturalmente dominantes" (41). Los cuatro críticos examinados en el primer capítulo, así como la crítica diaria en *ABC* no eran una excepción. Todos hacían notar el fundamento aristotélico de sus criterios, lo cual corresponde también a las normas propuestas por Villegas. Mantiene que "ha sido la *Poética* de Aristóteles, la que ha servido como punto de referencia de las teorías dramáticas de Occidente" (84). Como la estética aristotélica valora el drama—especialmente la tragedia—y la alta comedia sobre todo, y eran mayormente los sectores cultos de la burguesía los que acudían a ver estos géneros, es notable la correlación de los valores estéticos entre los grupos socialmente dominantes y los críticos teatrales.

Pero la mayor parte de las obras que los críticos tenían que reseñar no concordaba con los valores aristotélicos. Aunque estos criterios formaban el ápice de la jerarquía crítica y coincidían con los gustos de los sectores sociales privilegiados, tenían menos relación con las obras numéricamente predominantes.

En estas condiciones las variaciones en la respuesta de los críticos estudiados eran evidentes. Estas diferencias ponían de manifiesto la posición más o menos marginada de ciertos críticos con respecto al gusto mayoritario de la época. Enrique de Mesa y Pérez de Ayala ofrecieron los juicios más severos. Censuraban el énfasis desmedido en la conversación y el diálogo sentencioso, que venían a tener más importancia que la acción y el sentimiento. Criticaban también las convenciones excesivamente realistas del teatro. Mesa condenaba la escenificación típica como "un realismo tan irreal... que llega hasta pintar las sombras de las bordas y de las hojas de los árboles—sombras impertérritas, no obstante la carrera solar" (286), mientras que Pérez de Ayala mantenía que estas convenciones no ofrecían más que la "realidad cotidiana y usadera" (3: 614). Mucho más que sus colegas, ellos condenaron la producción del dramaturgo preeminente del período, Jacinto Benavente. Como se notó, Mesa se sentía especialmente enajenado del teatro de su momento. En cambio, Manuel Machado era el que más se acomodaba a la práctica teatral de su día, mientras que Enrique Díez-Canedo tenía una perspectiva que le confería la reputación de ser uno de los críticos más equilibrados en su capacidad de enjuiciar tendencias contradictorias.

Pasando a la crítica teatral en *ABC*, allí también era notable la coincidencia con los valores tradicionales de la cultura occidental. Los reseñadores seguían principios aristotélicos al considerar las obras, y hacían notar su estimación por estos criterios. Elogiaban las figuras de más prestigio, es decir, a Benavente y los hermanos Alvarez Quintero y pedían más profundización en la médula trágica y humana en las obras de Carlos Arniches. A veces la crítica demostraba también su desestimación de las formas de consumo masivo, reprobando el melodrama y la farsa cómica como ingenuas, formulaicas, sensacionalistas, caricaturescas, etc.

No obstante, por regla general era sintomática la tolerancia con que la crítica diaria se acercaba a estas formas. Gabaldón incluso trabajó como adaptador de comedias frívolas extranjeras, y varios otros colaboradores del periódico—siendo los principales Sassone y Cadenas—tenían compromisos con el teatro vivo de la época.

La crítica diaria se acercaba a la práctica escénica mediante una postura de idealismo artístico. Era una respuesta esencialmente de *laissez faire* al teatro: el no enjuiciar según las preferencias del crítico sino de acuerdo con los propósitos autoriales. Así, este acercamiento podía servir para acercarse a—y fomentar—las obras experimentales. Por otra parte, también servía en *ABC* para ratificar la vigencia de la farsa cómica en la escena, y de su creador más representativo, Pedro Muñoz Seca. La crítica en *ABC* generalmente soslayaba el juicio estético de la obra muñozsequiana, comentando que, si la pieza tenía el propósito principal de hacer reír, entonces no se debía enjuiciarla según otros criterios.

Por otra parte, la crítica diaria no era igualmente imparcial en cuanto a las obras comprometidas. Los críticos afirmaban que cualquier tesis social tenía que ser subordinada a criterios estéticos en estas obras. Mas esta evasión de consideraciones políticas servía inevitable para ratificar ciertos valores sociales. Coincidía con el conservadurismo que se dejaba entrever de vez en cuando en las recensiones respecto del tratamiento de la monarquía, la religión, el papel social de la mujer y el conflicto de clases.

En cambio, los artículos teatrales en *ABC* evidenciaban mayor heterogeneidad que las recensiones. Junto con más colaboradores, había más diversidad de criterios, y se nota una tendencia a abordar los problemas y la renovación posible de la escena madrileña. Aparecieron en *ABC* ensayos sobre aspectos diversos de la crisis teatral: la carestía, la calidad defectuosa de las compañías, la monotonía y baja calidad de los repertorios, la competencia entre el cine y el teatro, etc. También se ofrecieron abundantes comentarios dirigidos a la renovación teatral que examinaron los desarrollos en el extranjero, cuestiones de repertorio—desde el vanguardismo hasta lo clásico—, las posibilidades de fomentar un teatro de excepción y uno subvencionado en Madrid, los dramaturgos cuya producción representaba hitos universales, etc.

En la crítica teórica se destaca el mismo conservadurismo ya observado en la crítica práctica: la evasión general de análisis social, la subordinación de la tesis a criterios artísticos y algunos juicios sobre la relación de la decadencia teatral con la moral. No obstante, también aparecieron algunos análisis de los vínculos entre el teatro y la sociedad claramente críticos de las normas vigentes en ambos. Además, se hacía mucho para impulsar obras que pudieran ofrecer una perspectiva crítica ante los valores imperantes, así en lo estético como en lo ético. Se promovían las piezas—siempre al margen de la escena madrileña —de tendencias teatrales en el extranjero, de los dramaturgos noveles, de las obras literarias y experimentales y del repertorio clásico. Así, aunque se ponía de manifiesto en *ABC* una tendencia cultural y teatralmente conservadora, también se hacían notar algunas alternativas estéticamente progresistas.

En suma, *ABC* es una fuente valiosa para el estudio del horizonte de expectativas por lo que a la crítica teatral se refiere, y creo que los comentarios de esta crítica también revelan mucho acerca de los gustos de los espectadores del teatro madrileño entre 1918 y 1936. A su vez, las expectativas estéticas están entrelazadas con valores ideológicos, y he intentado señalar cómo se hacía notar esta relación en las reseñas y artículos. Mientras que la crítica práctica se inclinaba a la ratificación de las convenciones genéricas, los artículos se enfocaban en cuestiones teóricas y a menudo proporcionaban perspectivas al margen de las normas del momento. Así, *ABC* ofrecía una gama de comentarios, los cuales generalmente coincidían con los valores de la cultura imperante, pero que, en casos notables, también querían fomentar alternativas dirigidas hacia la renovación teatral en Madrid.

La introducción

1 Juan Villegas sugiere como "trabajo valioso" una comparación semejante de la crítica teatral de varios periódicos chilenos, "para relacionar la diferente lectura con las tomas de posición de los grupos que representan frente a los problemas nacionales del momento" (89).

2 Desvois apunta que "*ABC* ocupó probablemente... el primer lugar en la prensa de Madrid en cuanto a tirada se refiere; según afirmaciones propias, en 1919 ésta representaba una media de 170.000 ejemplares diarios" (62). Esto se puede apreciar teniendo en cuenta que la población de Madrid creció de sólo 539.835 habitantes en 1900 a 952.832 en 1930 (2), y que la tirada en conjunto de la prensa diaria llegaba a unos 500.000 ejemplares en 1915 (Ibid. 46). Es decir, entre las once grandes empresas periodísticas de la época, *ABC* ocupó aproximadamente el 34% del mercado de ventas.

3 Gómez Aparicio nota que, para el periodista, ingresar en la redacción influyente y bien pagada de *ABC* era "un hito profesional codiciable" (181).

Capítulo I: La crítica teatral madrileña

1 Dru Dougherty y María Francisca Vilches de Frutos, "Un lustro de teatro en Madrid: 1919–1924", *Siglo XX/20th Century*, 5:1–2 (1987–88): 2. De aquí saqué también la cifra del promedio de estrenos citada a continuación.

2 María Francisca Vilches de Frutos, del Consejo Superior de Investigaciones Científicas, y Dru Dougherty, de la Universidad de California, Berkeley, actualmente están llevando a cabo el proyecto de investigación teatral "El teatro madrileño 1918–1936" que pronto publicará los datos sobre los estrenos para todo el período abarcado. Recientemente, les ha salido el primer tomo de su estudio, desgraciadamente, demasiado tarde para incorporar sus aportaciones en mi trabajo aquí: Dru Dougherty y María Francisca Vilches de Frutos, *La escena madrileña entre 1918 y 1926. Análisis y documentación.* Madrid: Editorial Fundamentos, 1990. Es de notar también que en las décadas anteriores a la época en cuestión tampoco había menos actividad teatral en Madrid. Al contrario, según las aportaciones de José Francos Rodríguez, en los años 1908 y 1909, las cifras de estrenos madrileños eran 414 y 358, respectivamente (1: 229, II: 377).

3 La lista consta de los siguientes críticos: Melchor Fernández Almagro, de *La Epoca*, José de Laserna, de *El Imparcial*, A. O., de *El*

Socialista, Leopoldo Bejarano, de *El Liberal*, F. Leal, de *El Universo*, Rafael Marquina, del *Heraldo de Madrid*, Alberto Marín Alcalde, de *La Correspondencia*, Alejandro Miquis, de *El Diario Universal*, Jorge de la Cueva, de *El Debate*, Enrique Díez-Canedo, de *El Sol*, Manuel Machado, de *La Libertad*, José L. Mayral, de *La Voz*, F. Serrano Anguita, de *Informaciones*, José San Germán Ocaña, de *La Nación*.

4 Enrique Manuel de Rivas afirma que no sólo se notaba la severidad de juicio en todas las crónicas de Mesa sino que esta cualidad constituía el principio unificador y consistente de su crítica teatral (142). Mesa tenía muy en cuenta el tono predominante de su crítica cuando declaró que "Pena, y muy honda, le causa al cronista no marchar, como quisiera, a compás del público"(197). Véase también: Dru Dougherty, *Talía convulsa*, donde observa éste que "Enrique de Mesa sentía como nadie el aislamiento creciente entre él y el público que servía" (142).

5 Manuel Pedroso, "Los pecados de la crítica", *Heraldo de Madrid* (2/VIII/24): 5. Citado también en *Talía convulsa*, 138. Todas las citas de Pedroso son de este mismo artículo.

6 F. Barango-Solís, *El Imparcial* (3/V/28): 3. Citado en *Talía convulsa*, 139.

7 Berenguer señala la escasez de crítica teatral de la época publicada fuera de la prensa cotidiana (206).

8 *Las máscaras* fue publicado en 1917 (Madrid: Imprenta Clásica Española), con reediciones en 1919, 1924 y 1940 (Imprenta Clásica, Renacimiento, Espasa-Calpe, respectivamente, todas en Madrid).

9 Existen varias referencias a la calidad ejemplar de la crítica de los cuatro reseñadores aquí tratados. En una reseña dedicada a la nueva edición de *Las máscaras*, Manuel Pedroso señala a Pérez de Ayala "como modelo a imitar" (Citado en Vilches de Frutos y Dougherty, "La renovación del teatro español a través de la prensa periódica: La *Página Teatral* del **Heraldo de Madrid** (1923-1927)", 52). En *Talía convulsa*, Dougherty menciona a cinco críticos como entre los más

NOTAS A LAS PAGS. 9–38

exigentes: Enrique Díez-Canedo, Enrique de Mesa, José Alsina, Manuel Machado y Luis Gabaldón (140). Francisco Ruiz Ramón, en su *Historia del teatro español. Siglo XX,* 4ª ed. (Madrid: Cátedra, 1980), hace referencia a la crítica señera de Mesa y a la de Pérez de Ayala sobre la obra benaventina (22). José Monleón se vale extensamente de la crítica de Díez-Canedo para aproximarse a la obra de Azorín en *El teatro del 98 frente a la sociedad española* (Madrid: Cátedra, 1975) 206-209, mientras que Berenguer señala como excepción a la escasez general de crítica teatral de la época "el material valiosísimo que constituyen los cuatro volúmenes de los *Artículos de Crítica teatral*" (206).

10 Véanse: Luis Araquistáin, *La batalla teatral* (Madrid: CIAP, 1930); Ricardo Baeza, *Comprensión de Dostoiewsky y otros ensayos* (Barcelona: Editorial Juventud, 1935); Enrique Estévez-Ortega, *Nuevo escenario* (Barcelona: Lux, 1928); Eduardo Gómez de Baquero, *Pirandello y compañía* (Madrid: Editorial Mundo Latino, 1928); José Martínez Ruiz (Azorín), *Escena y sala* (Zaragoza: Librería General, 1947); Federico Navas, *Las esfinges de Talía o encuesta sobre la crisis del teatro* (El Escorial: Imprenta del Real Monasterio de El Escorial, 1928); Felipe Sassone, *El teatro, espectáculo literario* (Madrid: CIAP, 1930), y *Por el mundo de la farsa (Palabras de un farsante)* (Madrid: Editorial Renacimiento, 1931); Ramón Sender, *Teatro de masas* (Valencia: Orto, 1932).

11 Salvo indicación contraria, todas las citas pertenecen a los libros ya indicados arriba de los críticos en cuestión.

12 Aristóteles. *On Poetry and Style,* Ed. y trad. G. M. A. Grube (New York: Bobbs-Merrill, 1958): 17. La traducción del inglés al español es mía. He utilizado esta edición como base de la discusión de la poética aristotélica.

13 Este comentario hecho en *Apostillas a la escena,* y el del párrafo a continuación, estan citados por Rivas (142–143).

14 Al comparar las reseñas de obras benaventinas hechas por Pérez de Ayala y Machado, Rubio Jiménez caracteriza a éste como "mucho más comedido y acomodaticio" que aquél (40).

15 Sintomática de la reacción crítica a Benavente era una observación de José Alsina, hecha como parte de un análisis del teatro del momento. Encontraba que Benavente era "el más alto de los dramaturgos españoles de la hora presente" (*El Imparcial*, 8/IV/28, 11).

16 La reacción de Pérez de Ayala, fechada el 26 de marzo de 1917, fue recogida por J. García Mercadal en *Obras completas*. Vol. III., Libro III., pág. 465, bajo el título "La moral de la crítica".

17 También se comprometió a escribir un análisis más detenido de la producción benaventina que fue publicado después en tres partes en la revista *Nuevo Mundo* con el título de "El teatro Benaventino y mis críticas" ((6/IV/17; 13/IV/17; 20/IV/17; respectivamente). Rubio Jiménez estudia esta serie de artículos en "Ramón Pérez de Ayala y el teatro. Entre Momo y Talía" (39)

Capítulo II: Las reseñas diarias en *ABC*

1 La mayoría de los colaboradores enumerados empezaron a escribir reseñas a partir de 1927, coincidente con el comienzo de la *Página Teatral* de *ABC*.

2 Entre 1918 y 1926 las reseñas anónimas constituían el 59% del total—se reseñaban un promedio de 218 obras cada año. En el año 1927 se inició la *Página Teatral* de *ABC*, y entonces la cantidad de reseñas diarias disminuyó mientras que se elevó el número de ensayos y otras colaboraciones relacionadas con el teatro—el promedio de obras reseñadas de 1927 a 1936 era de 157 cada año, y sólo el 22% de las recensiones eran anónimas.

3 A continuación suministramos una lista parcial de las clasificaciones empleadas en las recensiones: astracán; comedia; comedia de costumbres; comedia doméstica; comedia de enredo; comedia de tesis; comedia dramática; comedia lírica; comedia blanca; comedia honrada; comedia musical; comedia melodramática; comedia infantil; comedia policiaca; comedia de magia; comedia satírica; comedia sentimental; comedia granguiñolesca; comedieta; paso de comedia; apropósito cómico; cuento de hadas; cuadrito humorístico; cuadro de costumbres; diálogo; drama; drama clásico; drama en verso; drama naturalista; drama rural; drama psicológico; drama satírico; drama trágico; ensayo

poético; entremés; fantasía para niños; fantasía cómico-lírico-bailable; farsa cómica; festiva miscelánea; folletín escénico; historieta cómico-lírica; historieta sentimental; humorada cómico-lírica; juguete cómico; leyenda lírica; melodrama; melodrama policiaco; melodrama granguiñolesco; novela escénica; obra circunstancial; ópera; opereta; opereta bufa; opereta picaresca; parodia; pasatiempo cómico-lírico; película hablada; poema dramático; revista; revista de variedades frívolas; boceto de revista; revista cómico-lírico-bailable; sainete; apunto de sainete; boceto de sainete; sainete lírico; sainete para señoras; saine-te, *grosso modo*; sainetón; toninada muy graciosa; tragedia; tragedia grotesca; tragicomedia; vodevil; vodevil arrevistado; zarzuela; zarzuela arrevistada; zarzuela cómica; zarzuelita.

4 *ABC*, 12/I/36, 62.   En adelante las referencias a *ABC* se incluirán en el texto, entre paréntesis.

5 El predominio de los géneros cómicos era un tema preocupante que aparecía frecuentemente en los ensayos dedicados al teatro en *ABC*.   Estos ensayos serán examinados en capítulos subsiguientes. Dougherty y Vilches de Frutos señalan el predominio de lo cómico, a menudo en combinación con elementos líricos, en su estudio "Un lustro de teatro en Madrid: 1919–1924" (3).

6 Enrique Díez-Canedo describió el astracán en términos parecidos, como

una nueva modalidad cómica, basada en el chiste verbal o en el retruécano; una predilección por los personajes llamados "frescos", esto es, por individuos que van sin escrúpulo a su avío; un abuso en la acción, convencional o rudimentaria, del que se podría llamar "episodio narrativo", esto es, de la historieta o sucedido chistoso (37).

7 Véase pág. 58 del capítulo titulado "Una mentalidad infantil" en *La batalla teatral*.

8 Los artículos de Felipe Sassone: "¡Y dale con las candilejas!" 6/X/27, 14; y de Azorín: "Sassone y las candilejas", 29/IX/27, 14, serán tratados más adelante.

9 Dougherty y Vilches de Frutos observan que "la zarzuela hace notar su presencia en todos los niveles sociales" (3).

10 El tema de la competencia entre el cine y el teatro se examina en capítulos subsiguientes.

11 Fernández Cifuentes apunta que, en la comedia normativa de la época hacia los años 20—una comedia prototípica asociada con Benavente y los hermanos Quintero—"prácticamente todas las situaciones familiares que presentaba aquel teatro pueden reducirse a una transgresión y restauración (con premio o castigo, salvo excepciones) de los códigos de lo masculino y lo femenino" (21).

12 Dougherty y Vilches notan que "está claro que el drama y la alta comedia se programaban sobre todo para un reducido público burgués mientras que los géneros menores estaban destinados principalmente a un público más popular y numeroso" (2).

13 Cifuentes nota con respecto a la comedia normativa del período que "el diálogo es no solamente un signo familiar, sin cuya existencia no se concebía la obra dramática, sino también un signo de lo familiar, por completo transparente para el espectador burgués" (18)

Capítulo III: Autores, temas sociales, innovaciones y Gabaldón en la crítica diaria

1 Dougherty y Vilches de Frutos notan que "En el lustro 1919–1924, apenas cambia la nómina de los dramaturgos españoles que dominaban la escena". Luego incluyen en esta categoría a los autores nombrados (4).

2 Fernández Cifuentes coloca a los hermanos Quintero en segundo lugar, precedidos sólo por Benavente en cuanto a su influencia sobre las expectativas del período: "Hacia 1920, las reseñas que, ímplicita o explícitamente, describen el horizonte de la época, constatan que su expresión más cabal, acaso su modelo, se encuentra todavía en la obra de Jacinto Benavente, con cierta competencia por parte de los hermanos Quintero..." (12). Por su parte, Enrique Díez-Canedo notó la influencia de todos los dramaturgos señalados en este capítulo, observando que, hacia el año 1936, "la generalidad de las obras de éxito representan una influencia mezclada, en que el ejemplo de Benavente, los Quintero, Arniches... [y] Muñoz Seca se advierte por uno u otro lado" (42).

3 Si bien es cierto que *ABC* se mantenía independiente de afiliaciones partidistas en su actividad periodística también es verdad que apoyaba una ideología conservadora, monárquica y germanófila, valores también asociados con Benavente el hombre (a diferencia del autor implícito de la obra benaventina). Puesto que es problemático intentar precisar la relación ética/estética entre el crítico y la obra reseñada, como lo es en cuanto a la relación autor/obra, no podemos hacer más que indicar una posible congruencia ideológica que podía haber entrado como un factor extraliterario en los juicios hechos en *ABC* sobre Benavente y su obra. Es interesante notar que José María Roca Franquesa plantea un argumento semejante en lo referente a la crítica que Pérez de Ayala escribió sobre la obra de Benavente. Una de sus conclusiones principales es que "indudablemente entraron, tal vez inconscientemente, razones extraliterarias" en el tratamiento crítico que Pérez de Ayala dedicó a Benavente (221). A su vez, Roca Franquesa comenta la afinidad ideológica entre Pérez de Ayala y Galdós, notando que aquél coloca a éste "a cien codos de altura sobre todos" los otros dramaturgos (214), y señala que en la crítica histórico-literaria se ha andado a la búsqueda de la razón de la severidad con que Pérez de Ayala enjuició la obra benaventina apuntando las "disidencias de tipo político, especialmente a partir de la guerra europea de 1914-1918 (Benavente, germanófilo y Pérez de Ayala defensor a ultranza de los aliados)" (221).

4 Véase el *Apéndice* de la *Enciclopedia Universal Ilustrada* 644

Capítulo IV: Los artículos teatrales en torno a la reforma del teatro: 1918–1927

1 Para este trabajo se han empleado 107 artículos, lo cual proporciona un promedio del 10.7 artículos por año. De éstos, el 25% aparecieron en primera plana y el 44% se encontraron en las primeras 5 páginas del periódico.

2 Dentro de la cifra total de 107 artículos, Alsina escribió el 11%, Gabaldón el 9%, Sassone el 14%, Martínez Ruiz el 18% y Alcalá Galiano el 6%. El porcentaje de ellos en conjunto era el 58%. Los siguientes colaboradores también contribuyeron artículos: Antonio Azpeitua, Tomás Borrás, José Juan Cadenas, Angel María Castell, Fernán Cid, Hugo Desvillers, Wenceslao Fernández Flórez, José Francos Rodríguez, Enrique Gómez Carrillo, Melitón González, Ramón López Montenegro, J. López Prudencio, Rodolfo Salazar, Rafael Villaseca.

3 López Prudencio 27/IX/24, 8. Véanse también Gabaldón 28/XII/30, 59 y 1/IX/34, 40.

4 Dru Dougherty y María Francisca Vilches de Frutos hacen notar que nunca había menos de una docena de compañías durante la temporada y en los meses de mayor oferta la cifra podía llegar a cerca de veinte. Véase "Un lustro de teatro en Madrid" 10.

5 Sobre este tema Martínez Ruiz escribió trece ensayos, publicados en *ABC* entre noviembre de 1926 y marzo de 1927, empezando con "La crítica teatral" (11/XI/26) y terminando con "La verdadera crítica" (11/III/27). Dichos ensayos están recopilados en *Escena y Sala* (Zaragoza: Librería General, 1947) y en sus *Obras completas* (Madrid: M. Aguilar, 1948) T. VIII. Para un examen de toda la crítica teatral de Martínez Ruiz, véase: Lawrence Anthony LaJohn, *Martínez Ruiz and the Spanish Stage* (New York: Hispanic Institute in the United States, 1961). Una respuesta formal a la crítica de Martínez Ruiz, por la mayoría de reseñadores periodísticos del momento fue publicada en *ABC* (23/XII/26) y reproducida en *El Sol* dos días después (25/XII/26):

> Los que firman, encargados de la crítica teatral en los periódicos de Madrid, rechazan, firme y unánimemente, los términos empleados por D. José Martínez Ruiz (Azorín) en un reciente artículo con que intenta el desprestigio de todos; deploran que el autor de tantas obras considerables no haya encontrado ahora en su ingenio más que descorteses conceptos, que ni aun tienen la gallardía del ataque personal; y al dejarlos sin la contestación, que no hubieran retardado en el caso de verse aludidos nominalmente, apelan al juicio del público y declaran que no renuncian, para lo por venir, a su libertad de opinión frente a las nuevas obras teatrales de "Azorín", en que aun esperan encontrar algo digno del talento de su autor, y no el triste e inmotivado despecho que hoy manifiesta.

Esta carta fue firmada por: Leopoldo Bejarano, Jorge de la Cueva, José de la Cueva, Enrique Díez-Canedo, M. Fernández Almagro, "Floridor", Antonio Fernández Lepina, Federico Leal, José Luis Mayral, Manuel Machado, "Alejandro Miquis", Rafael Marquina, Francisco de Viú, Rafael Balaguer.

6 Martínez Ruiz hizo una excepción explícita a la denuncia generalizada de la crítica. Publicó el ensayo "Defensa de Díez-Canedo", donde reafirmó que éste "no puede ser confundido con

la tropa de escritores apasionados, parciales, injustos" (*Obras Completas*. 8: 984).

7 A continuación Alsina citó a los dramaturgos con propósitos renovadores, según él, puestos por Martínez Sierra: "Molière, Goldoni, Ibsen, Bernard Shaw, Barrie, Sabatino López, Concha Espina, Insúa, Vallmitjana, Tapia, García Lorca, Abril, Grau, Vidal y Planas, Sassone, Luca de Tena, Granada, Honorio Maura, Tomás Borrás".

8 *El clamor*, estrenado el 2 de junio de 1928.

9 Según varios críticos, el teatro mismo de Martínez Ruiz demostraba una evidente orientación hacia la evasión, lo cual responde a su alejamiento de las cuestiones sociales para concentrarse en las de carácter estético.   Lawrence Anthony Lajohn está de acuerdo con Domingo Pérez Minik—*Debates sobre el teatro español contemporáneo* (Canarias: Goya Ediciones, 1953) 161–181—en que "Azorín's theatre is largely an escape theatre" (Op. cit. 198).   Respecto de la evasión, Enrique Díez-Canedo hizo constar que el superrealismo, como Martínez Ruiz aplicó el término a sus obras en los años en cuestión aquí, constituía "the elision of the literal and commonplace in life". Véase "The Contemporary Spanish Theater", *The Theater in a Changing Europe*, ed. Thomas H. Dickinson (New York: Holt, 1937) 311, citado por Robert E. Lott, "Azorín and Surrealism", *PMLA*, LXXIX, 3 (1964): 306.   Robert G. Sánchez ha notado, a su vez, que en la adapción hecha por Martínez Ruiz de *La comedia de la felicidad*, por Nikolai Nikolaevich Evreinov, aquél evitó el planteamiento de temas sociales del original, suprimiendo la ironía, la ambigüedad y la autocrítica teatral de la pieza para convertirla en una expresión de evasión romántica y sentimental. Véase "Evreinov, Azorín y el teatro de evasión", *From Dante to García Márquez* (Williamstown: Williams College, 1987) 272–279.   C. B. Morris comenta sobre la producción literaria de Martínez Ruiz en su totalidad a finales de los años veinte, sugiriendo que su promoción de la renovación era en parte ilusoria:

> Azorín's frequent mentions of the subconscious and of surrealism create an illusion of enlightened, advanced

> thinking belied by his stiff stagecraft, his woolly words and his loftily myopic conviction that the last thing that will explain surrealism 'are the documents in which the new doctrine is expounded'. In his writings between 1928 and 1930, therefore, Azorín enjoyed the illusion of being a surrealist without knowing what a surrealist stood for or aspired to.

Véase *Surrealism and Spain, 1920–1936* (Cambridge UP, 1972) 40. En cambio, Lucile C. Charlebois mantiene que los ensayos que Martínez Ruiz publicó en torno al teatro de la época sí contribuyeron al impulso de su renovación: "Azorín convirtió sus ensayos sobre el teatro español en una auténtica campaña de intervención en favor de los recursos que iban utilizando los nuevos dramaturgos y directores de escena europeos". Véase "Azorín ante el teatro de su época", *Anales de la Literatura Española Contemporánea*, 9.1–3 (1984): 53.

10 Díez-Canedo describe a Sassone como "prolífico autor de obras que van desde la farsa sentimental hasta la caricatura de ese mismo género, sin desdeñar el episodio dramático" y conocedor del "teatro y sus resortes". Véase Enrique Díez-Canedo, "Panorama del teatro español desde 1914 hasta 1936" en *Artículos de crítica teatral* I (México: Joaquín Mortiz, 1968), 43.

Capítulo V: La *Página Teatral* de *ABC*
Actualidad y renovación del teatro madrileño: 1927–1936

1 Hubo una interrupción entre 11/V/31 y 5/VI/31 debida a la incautación del periódico por la República. La última fecha de la *Página Teatral* fue el 13/VII/36. A partir del 19 de ese mes *ABC* fue incautado, para convertirse luego en periódico republicano.

2 Consulté aproximadamente 300 artículos pertinentes a la renovación teatral para hacer el estudio de la *Página Teatral* de *ABC*, lo cual da un promedio de 33 artículos por año. En el capítulo anterior se estudian los artículos teatrales fechados antes del comienzo de la *Página*: los 107 artículos dan un promedio de sólo 11.9 artículos por año.

3 Otros colaboradores eran: Alvaro Alcalá Galiano, Gastón Baty, Leandro Blanco, Manuel Bravo, Xavier Cabello Lapiedra, Joaquín Calvo Sotelo, José D'Hoy, Victor Espinas, E. Estévez-Ortega, Adolfo Marsillach, Francisco Marroquín, F. Martínez de la Riva, Manuel Penella, Juan Pujol, José D. Quijano, Blanca de los Ríos de Lampérez, Cipriano Rivas Cherif, José María Salaverría, Quintiliano Saldaña, Rafael Sánchez Mazas, Federico Santander, Enrique Uhthoff, Rafael Villaseca, Marciano Zurita, etc.

4 Otros autores que escribían en la *Página* eran José López Rubio y Luis Fernández Ardavín.

5 La *Página Teatral* de *ABC* no era la única sección diaria de un periódico madrileño que combinara la divulgación de información con un afán renovador. Véase: María Francisca Vilches de Frutos y Dru Dougherty, "La renovación del teatro español a través de la prensa periódica: La *Página Teatral* del *Heraldo de Madrid* (1923–1927)," *Siglo XX/20th Century* 6 (1988-89): 47–56.

6 Para una evaluación del superrealismo de Martínez Ruiz, véase la nota núm. 9 del capítulo anterior.

7 Para un análisis del enlace entre teatro clásico y teatro de vanguardia, véase: Dru Dougherty, "El legado vanguardista de Tirso de Molina," *V Jornadas de Teatro Clásico Español II* (Madrid: Ministerio de Cultura, 1983), 13–28.

OBRAS CITADAS

Anónimo. "Opiniones de algunos críticos de Madrid sobre la temporada anterior". *ABC*, 28/VII/32, 12–13.

Araquistáin, Luis. *La batalla teatral*. Madrid: Mundo Latino, 1930.

Aristóteles. *On Poetry and Style*, Ed. y trad. G. M. A. Grube. New York: Bobbs-Merrill, 1958.

Baeza, Ricardo. *Comprensión de Dostoiewsky y otros ensayos*. Barcelona: Editorial Juventud, 1935.

—— "Criticón, Critilo y Compañía" *El Sol*, 6/XI/26, 1.

Barango-Solís, F. "Lo que opinan los principales críticos del teatro actual". *El Imparcial*, 8/IV/28, 11.

—— "Los autores, el teatro actual y los críticos". *El Imparcial*, 2, 3, 4, 20/V/28.

Berenguer, Angel. "El teatro hasta 1936", *Historia de la literatura española*. T. IV. Ed. José María Diez Borque. Madrid: Taurus, 1980, 201–51.

Bourdieu, Pierre. *Distinction. A Social Critique of the Judgement of Taste*. Trans. Richard Nice. Cambridge, MA: Harvard UP, 1984.

Bueno, Manuel. "El dramaturgo y el crítico". *ABC*, 27/XI/30, 11–12.

Charlebois, Lucille C. "Azorín ante el teatro de su época", *Anales de la Literatura Española Contemporánea*, 9.1–3. (1984): 49–58.

Cortés, Román. *Desde mi butaca: Crítica de los estrenos teatrales del año 1917*. Madrid: Imprenta Artística Saez Hermanos, 1918.

Desvois, Jean Michel. *La prensa en España (1900–1936)*. Madrid: Siglo Veintiuno de España, 1977.

Dougherty, Dru. "El legado vanguardista de Tirso de Molina", *V Jornadas de Teatro Clásico Español II.* Madrid: Ministerio de Cultura, 1983): 13–28.

——— "Talía Convulsa: La crisis teatral de los años 20". *Dos ensayos sobre teatro español de los 20.* Ed. César Oliva. Murcia: Cuadernos de la Cátedra de Teatro de la Universidad de Murcia, Núm. 11, Universidad de Murcia, 1984.

——— y María Francisca Vilches de Frutos. "Un lustro de teatro en Madrid: 1919–1924". *Siglo XX/20th Century* 5 (1987–88): 1–11.

Díez-Canedo, Enrique. "The Contemporary Spanish Theater", *The Theater in a Changing Europe.* Ed. Thomas H. Dickinson. New York: Holt, 1937.

Díez-Canedo, Enrique. *Artículos de crítica teatral: El teatro español: 1914–1936.* 4 tomos. México: Joaquín Mortiz, 1968.

——— "La crítica en España". *Tercer Congreso Internacional del Teatro. Estudios y comunicaciones.* T. I. Barcelona: Publicaciones del Instituto del Teatro Nacional, 1929.

——— "Panorama del teatro español desde 1914 hasta 1936". *Artículos de crítica teatral.* 4 tomos. México: Joaquín Mortiz, 1968. I: 17–65.

Enciclopedia Universal Ilustrada. Apéndice. T. V. Madrid: Espasa–Calpe, 1958: 643–44.

Espina, Antonio. *El cuarto poder. Cien años de periodismo español.* Madrid: Aguilar, 1960.

Estévez-Ortega, Enrique. *Nuevo escenario.* Barcelona: Lux, 1928.

Fernández Cifuentes, Luis. *García Lorca en el teatro: La norma y la diferencia.* Zaragoza, 1986.

Fernández Gutiérrez, José María. *Enrique Díez-Canedo: Su tiempo y su obra.* Badajoz: Diputación Provincial de Badajoz, 1984.

Francos Rodríguez, José. *El teatro en España, 1908.* Madrid: Imprenta de "Nuevo Mundo", 1909.

——— *El teatro en España, 1909. Año II.* Madrid: Imprenta de Bernardo Rodríguez, 1910.

Gómez de Baquero, Eduardo. *Pirandello y compañía*. Madrid: Editorial Mundo Latino, 1928.

Gómez Aparicio, Pedro. *Historia del periodismo español*. 4 tomo. Madrid: Editora Nacional, 1974. T. 4.

Guardia, Alfredo de la. *Visión de la crítica dramática*. Buenos Aires: Editorial la Pleyade, 1970.

Hormigón, Juan Antonio. *Teatro, realismo y cultura de las masas*. Madrid: Cuadernos para el Diálogo, 1974.

Jauss, Hans Robert. *Toward an Aesthetic of Reception*. Trans. Timothy Bahti. Intro. Paul de Man. Minneapolis: U of Minn. P, 1982.

Laffitte, María (La condesa de Campo Alange). *La mujer en España. Cien años de su historia, 1860–1960*. Madrid: Aguilar, 1964.

LaJohn, Lawrence Anthony. *Martínez Ruiz and the Spanish Stage*. New York: Hispanic Institute in the United States, 1961.

Lott, Robert E. "Azorín and Surrealism", *PMLA*, LXXIX, 3. (1964): 305–320.

Machado, Manuel. *Un año de teatro (Ensayos de crítica dramática)*. /Temporada 1916–1917./ Madrid: Biblioteca Nueva, s.f. /1918/.

Martínez Ruiz, José. *Escena y sala*. Zaragoza: Librería General, 1947.

—— *Obras completas*. T. VIII. Madrid: M. Aguilar Editor, 1948.

Mesa, Enrique de. *Apostillas a la escena*. Madrid: Renacimiento, 1929.

Monleón, José. *El teatro de 98 frente a la sociedad española*. Madrid: Cátedra, 1975.

Morris, C. B. *Surrealism and Spain, 1920–1936*. Cambridge UP, 1972.

Navas, Federico. *Las esfinges de Talía o encuesta sobre la crisis del teatro*. El Escorial: Imprenta del Real Monasterio de El Escorial, 1928.

Pedroso, Manuel. "Los pecados de la crítica". *Heraldo de Madrid*, 2/VIII/24.

Pérez Minik, Domingo. *Debates sobre el teatro español contemporáneo*. Canarias: Goya Ediciones, 1953.

Pérez de Ayala, Ramón. *Las máscaras*. 2 tomos. Madrid: Renacimiento, 1924.

—— *Obras completas*. T. III. Ed. J. García Mercadal. Madrid: Aguilar, 1964.

Rivas, Enrique Manuel de.   "La obra de Enrique de Mesa".   Diss. University of California at Berkeley, 1956.

Roca Franquesa, José María.   "Notas sobre el credo crítico-estético de Ramón Pérez de Ayala".   *Homenaje a Ramón Pérez de Ayala*. Oviedo: Universidad de Oviedo, 1980.

Rubio Jiménez, Jesús.   "Ramón Pérez de Ayala y el teatro.   Entre Momo y Talía" *España Contemporánea* Tomo I, No. 1 (Invierno 1988): 27–54.

——— *Ideología y teatro en España: 1890–1900*.   Zaragoza: Libros Pórtico, 1982.

Saldaña, Quintiliano.   "El público y la crítica teatral".   *ABC*, 24/V/27, 13.

Sassone, Felipe.   *El teatro, espectáculo literario*.   Madrid: CIAP, 1930.

——— *Por el mundo de la farsa.   Palabras de un farsante*.   Madrid: Editorial Renacimiento, 1931.

Sender, Ramón.   *Teatro de masas*.   Valencia: Orto, 1932.

Sánchez, Robert G.   *From Dante to García Márquez*.   Williamstown: Williams College, 1987): 272–279.

Vilches de Frutos, María Francisca, y Dru Dougherty.   "La renovación del teatro español a través de la prensa periódica: La *Página Teatral* del *Heraldo de Madrid* (1923–1927)", *Siglo XX/20th Century* Vol. VI, Nos. 1–2 (1988–89): 47–56.

Villegas, Juan.   *Ideología y discurso crítico sobre el teatro de España y América Latina*.   Minneapolis: The Prisma Institute, 1988.

Zimmermann, Bernhard.   "El lector como productor: en torno a la problemática del método de la estética de la recepción", *Estética de la recepción*.   Ed. José Antonio Mayoral.   Madrid: Arco/Libros, 1987.

BIBLIOGRAFIA DE LOS ARTICULOS TEATRALES EN *ABC*

1 Abril, Manuel. "La renovación del teatro". 16/VII/31: 23–23.

2 —— "La renovación del teatro contemporáneo". 13/VIII/31: 14–15.

3 —— "La renovación del teatro contemporáneo". 6/VIII/31: 15–16.

4 —— "La renovación del teatro contemporáneo". 3/IX/31: 13, 15.

5 —— "La renovación teatral contemporánea". 2/VII/31: 23–24.

6 Alcalá Galiano, Alvaro. "El optimismo de los Quintero". 2/III/28: 3–6.

7 —— "El pleito de la crítica". 17/III/27: 8.

8 —— "El teatro, el arte y el abono". 14/X/20: 5–6.

9 —— "El teatro en París". 1/VII/23: 16.

10 —— "El teatro extranjero en España". 4/V/23: 2–3.

11 —— "La crisis del teatro". 11/I/24: 1–2.

12 —— "La crisis teatral: los autores". 14/X/20: 5–6.

13 —— "Los intelectuales y el teatro". 5/X/26: 1–2.

14 —— "Zacconi, el público y el arte". 13/I/23: 2–4.

15 Alsina, José. "Alrededor del teatro puro". 2/II/27: 7.

16 —— "Alrededor del teatro". 11/II/27: 6-7.

17 —— "El eclipse de la parodia". 19/VII/34: 14.

18 —— "El gran prefacio romántico". 7/IV/27: 10-11.

19 —— "Héroes modernos". 27/XII/34: 12-15.

20 —— "Jacinto Grau o La ingenuidad". 4/XII/24: 7-8.

21 —— "La extensión y la profundidad". 31/X/35: 12, 15.

22 —— "La inquietud dramática". 8/V/24: 7.

23 —— "La maternidad reveladora". 25/II/27: 6-7.

24 —— "La risa triste". 27/VI/35: 12, 15.

25 —— "Las nuevas interpretaciones". 18/IX/24: 7-8.

26 —— "Los aficionados al teatro". 20/III/26: 6.

27 —— "Los caminos del drama". 12/III/36: 12-13.

28 —— "Teatro a la deriva". 7/V/36: 12.

29 —— "Teatro y literatura". 11/X/24: 8.

30 —— "Un teatro de arte en España". 16/XII/26: 3-6.

31 —— "Un teatro del pueblo". 12/II/26: 8.

32 —— "Verdad y verisimilitud". 15/III/24: 7-8.

33 Alvarez de Estrada, Juan. "La crisis teatral". 28/I/32: 11-12.

34 Anónimo. "De regreso". 11/III/24: 24.

35 —— "Defectos notados en la temporada teatral anterior y su posible remedio". (Entrevistas con los críticos teatrales de los periódicos principales de Madrid) 14/VII/32: 12-13.

36 —— "El problema de las refundiciones". 11/IX/30: 10-11.

37 —— "El teatro español visto por un alemán". 20/IX/28: 11.

38 —— "Guillermo Shakespeare". 21/IV/27: 9.

39 —— "Hacia un teatro nuevo". 15/IX/27: 10-11.

40 —— "Jean Sarment". 28/IV/27: 13-14.

41 —— "La crisis actual del teatro". 3/II/22: 21.

42 —— "La crisis del teatro en Europa". 14/VII/27: 14.

43 —— "La crítica teatral". 2/IV/22: 37.

44 —— "La crítica y *De la noche a la mañana*". 19/I/29: 35.

45 —— "La decadencia en el arte escénico". 20/I/27: 7.

46 —— "La floración nueva de autores". 8/VIII/35: 15, 17.

47 —— "La influencia del teatro moderno alemán". 4/VIII/27: 10–11.

48 —— *Los misterios de Laguardia*, de Muñoz Seca. 22/IX/20: 15.

49 —— "Necesidad de un teatro nacional". 26/I/28: 10–11.

50 —— "Opiniones de algunos críticos de Madrid sobre la temporada anterior". 28/VII/32: 12–13.

51 —— "Orígenes de la escena española". 16/I/30: 10–11.

52 —— "Orígenes de la escena española". 9/I/30: 10.

53 Azpeitua, Antonio. "El teatro español visto por un extranjero". 8/I/27: 6–8.

54 Baty, Gastón. "El malestar de la escena contemporánea". 24/V/27: 9–10.

55 —— "Hacia el nuevo teatro". 13/IX/28: 10–11.

56 —— "Hacia el nuevo teatro. El texto". 5/VII/28: 10.

57 —— "Hacia el nuevo teatro. La misión del decorado". 7/VI/28: 10.

58 Benelli, Sam. "La cena de las burlas". 16/XI/35: 49.

59 Borrás, Tomás. "La bibilioteca del teatro". 9/VII/31: 23.

60 —— "La grave crisis teatral". 1/III/32: 4.

61 —— "La luz en el escenario del Español". 14/IV/32: 11.

62 —— "Un posible teatro de arte". 30/VI/32: 11–12.

63 Bravo, Manuel. "El amor en el teatro. Sus disonancias en el público". 16/I/30: 10.

64 Bueno, Manuel. "Del teatro romántico. A propósito de don Alvaro". 19/I/33: 14.

65 —— "El bailarín en el teatro". 11/XII/30: 10, 12.

66 —— "El divorcio en el teatro". 21/I/32: 14.

67 —— "El dramaturgo y el crítico". 27/XI/30: 11–12.

68 —— "El parlementarismo". 9/IV/31: 18.

69 —— "El retorno del drama". 31/III/32: 14–15.

70 —— "El teatro contemporáneo. ¿Vuelve el drama?".
15/II/34: 12.

71 —— "El teatro en Francia. Obras libertinas". 24/X/29:
11, 13.

72 —— "El teatro filosófico". 3/I/29: 10.

73 —— "El teatro popular". 15/I/31: 12, 15.

74 —— "El teatro y el público". 14/XII/33: 12.

75 —— "El teatro y sus horizontes". 16/XI/33: 15.

76 —— "El teatro y sus horizontes". 4/I/34: 34.

77 —— "El teatro y sus perspectivas". 19/X/33: 11–12.

78 —— "Enrique Ibsen, en España". 8/III/28: 9–10.

79 —— "Ibsen en España". 22/III/28: 9–10.

80 —— "La crisis del teatro español". 11/II/32: 15.

81 —— "La crisis teatral". 4/X/34: 13–14.

82 —— "La invasión de lo bufo". 2/III/33: 12.

83 —— "La pasión en el teatro". 7/IX/33: 10, 12.

84 —— "La política en el teatro". 10/XI/27: 13–14.

85 —— "La política en el teatro". 12/IV/34: 13, 15.

86 —— "La política en el teatro". 18/I/34: 13–14.

87 —— "La regeneración del teatro". 15/V/30: 10.

88 —— "Las fronteras del teatro". 13/X/27: 10–11.

89 —— "Los dominios del arte dramático". 10/III/32: 10–11.

90 —— "Nuestro madrileñismo". 25/IV/29: 10.

91 —— "Sobre el optimismo en el teatro". 10/VII/30: 10–11.

92 —— "Teatro contemporáneo. La danza de la vida".
8/XII/27: 10–11.

93 —— "Teatro literario". 6/VIII/31: 15.

94 —— "Teatro literario". 23/VIII/34: 14.

95 Cabello Lapiedra, Xavier. "El teatro nacional. Una
iniciativa feliz". 14/VI/28: 10.

96 —— "La crisis teatral". 23/VIII/34: 14.

97 Cadenas, José Juan. "A propósito del estreno de *Estrazilla*".
7/II/18: 3–5.

98 —— "Las obras de éxito. Las pascuas. Mejores

impresiones". 3/I/18: 5.

99 —— "Cosas del teatro. El congreso de Roma". 12/V/32: 11–12.

100 —— "El arte trascendental. *El hijo pródigo.* ¡Hale!". 24/III/18: 6–7.

101 —— "La cuesta fatal. Los tributos. Estrenos de enero". 9/I/18: 6–7.

102 —— "Teatro de Apolo. Trianeras". 29/I/19: 4–5.

103 —— "¡Uno más! El año teatral en 1917". 1/I/18: 5–6.

104 Calvo, Luis. "Cómicos y comediógrafos". 30/VI/27: 10–11.

105 —— "Don Juan en el teatro". 30/X/30: 10.

106 —— "El Español desierto". 17/IX/31: 11.

107 —— "El llamado teatro de vanguardia". 1/III/28: 9–10.

108 —— "El nuevo realismo". 11/XII/30: 15–16.

109 —— "El nuevo realismo". 20/XI/30: 10.

110 —— "El superrealismo en el teatro". 31/III/27: 10–11.

111 —— "El 'producer'. Nuevo autocrítico del arte escéncio". 17/III/27: 11.

112 —— "Historia y oficios de la 'Claque'". 28/IV/27: 10–11.

113 —— "¿Por qué no escribe usted para el teatro?" 16/VII/27: 10–11.

114 —— "Un diálogo con Molire". 20/I/27: 10–11.

115 Calvo Sotelo, Joaquín. "La revista en España". 15/XI/34: 14.

116 —— "Un turno de totalidad. La crisis teatral". 24/X/35: 12.

117 Castell, Angel María. "La nacionalización de un arte". 22/VI/22: 7.

118 Castro, Cristóbal de. "El teatro contínuo". 16/II/33: 12.

119 —— "La escena y la vida. Divos y conjuntos". 12/I/33: 14.

120 —— "La escena y la vida. El rescoldo en los estrenos". 26/I/33: 14.

121 —— "Las paradojas del espectador". 10/X/35: 12, 15.

122 —— "Repertorio clásico". 9/III/33: 12.

123 —— "Teatro de mujeres". 26/IV/34: 15.

124 —— "Teatro nacional". 17/I/35: 13, 15. 125 Cid, Fernán. "Cómo debe ser una temporada de teatro español". 4/XI/26: 12–14.

126 —— "Los argentinos en la Zarzuela". 25/XI/22: 3–4.

127 Desvillers, Hugo. "Crónica. El teatro en el extranjero". 2/XII/21: 5–6.

128 —— "El teatro en el extranjero". 1/IV/22: 2–3.

129 D'Hoy, José. "Acotaciones sobre la plástica en escena". 30/VI/27: 14.

130 —— "Acotaciones sobre la plástica en escena". 3/XI/27: 11.

131 —— "Acotaciones sobre la plástica en la escena". 13/II/30: 10–11.

132 —— "Acotaciones sobre la plástica en la escena". 16/VI/27: 13.

133 —— "Acotaciones sobre la plástica en la escena". 19/IX/29: 11, 13.

134 —— "Acotaciones sobre la plástica en la escena". 22/V/30: 11.

135 —— "Acotaciones sobre la plástica en la escena". 23/VIII/28: 12–13.

136 —— "Acotaciones sobre la plástica en la escena". 24/VII/30: 11.

137 —— "Acotaciones sobre la plástica en la escena". 24/X/29: 10–11.

138 —— "Acotaciones sobre la plástica en la escena". 28/VI/28: 12–13.

139 —— "Acotaciones sobre la plástica en la escena". 4/VIII/27: 12–14.

140 —— "El teatro municipal y su escenario". 27/VIII/31: 14–15.

141 —— "Escenografía sintética". 6/X/27: 11–14.

142 —— "La escenografía eslava". 12/I/28: 11, 13.

143 —— "Vestuario y decoración". 19/V/27: 11–14.

144 —— "Vestuario y decoración". 7/IV/27: 11, 13.

145 —— "Vestuario y decoración. Acotaciones sobre la plástica en escena". 1/IX/27: 11.

146 —— "Vestuario y decoración. Acotaciones sobre la plástica en escena". 3/III/27: 11–13.

147 —— "Vestuario y decoración. El arte de los Pitoeff". 10/II/27: 13.

148 Espinas, Victor. "Escenarios giratorios". 17/I/35: 16.

149 Estévez Ortega, E.. "Máscara exótica. Pitoeff, o la consciente modernidad". 2/XI/33: 12.

150 Fernández Ardavín, Luis. "Realismo americano". 27/XI/30: 10–11.

151 —— "Teatro literario y teatro iletrado". 18/XII/30: 10, 15.

152 Fernández-Flórez, Wenceslao. "Nuevos cauces dramáticos". 28/II/25: 1–2.

153 —— "*Santa Juana*, de Shaw". 3/III/26: 7.

154 Francos Rodríguez, Jose. "De las memorias de un gacetillero". 1/IX/18: 5–6.

155 —— "Teatro argentino". 15/VI/23: 1–2.

156 Gabaldón, Luis. *Brandy, mucho brandy*". 17/III/27: 7–8.

157 —— "Correo interior". 23/II/35: 47.

158 —— "El año teatral". 1/I/24: 26–7.

159 —— "El año teatral". 1/I/26: 18–19.

160 —— "El año teatral". 1/I/21: 9–10.

161 —— "El retablo de la farsa en 1921". 1/I/22: 23–24.

162 —— "El teatro en 1924". 1/I/25: 23.

163 —— "Estrenos de gran éxito en los teatros madrileños durante el año último". 1/I/27: 10–16.

164 —— "La crisis del teatro". 1/IX/34: 40–41.

165 —— "Silueta del año teatral". 28/XII/30: 59–60.

166 —— "Silueta del año teatral". 28/XII/30: 59–60.

167 —— "Telón rápido o El año teatral que acabó". 1/I/28:

35.

168 García Sánchez, Federico. "De ayer a hoy. Renacimiento del arte de hablar". 19/IX/29: 10.

169 González, Melitón. "Cosas de teatro, la Ravoso". 2/III/21: 5–6.

170 Gómez Carrillo, Enrique. "El arte de llorar en el teatro". 31/III/22: 1–2.

171 —— "El centenario del romanticismo y el prefacio de *Cromwell*". 14/IV/27: 9–10.

172 —— "Frivolidades trascendentales: El triunfo de la opereta". 2/X/21: 3–5.

173 —— "La resurrección de la opereta parisiense". 11/V/23: 1–3.

174 —— "La vida parisiense: El teatro que está de moda". 26/VI/19: 3–4.

175 Hoyos, Antonio. "El teatro mudo o El séptimo arte". 24/II/27: 7.

176 Lazarillo de Madrid, El. "Los Pirineos y el español comtemporáneo". 12/III/31: 18.

177 L. "El teatro nacional". 17/III/27: 7.

178 L. C., (¿Luis Calvo?). "Los Pitoeff en Madrid". 3/II/27: 9.

179 López Montenegro, Ramón. "En torno del teatro. El derecho del pataleo". 9/IV/24: 7.

180 —— "En torno del teatro. La honradez y la capa". 12/XI/26: 8–9.

181 —— "En torno del teatro. Los chistes 'gordos'". 3/XII/26: 6–7.

182 —— "En torno del teatro. Los terribles estrenos". 5/III/24: 7–8.

183 —— "La taquilla y el bolsillo". 9/II/24: 7.

184 López Prudencio, J. "Un comentario sobre el teatro". 27/IX/24: 8.

185 López Rubio, José. "Superrealismo y ultrarrealismo".

10/V/28: 10.

186 Marroquín, Francisco. "El nuevo teatro. Evereinoff".
7/VII/27: 11.

187 —— "El teatro de retaguardia". 17/V/27: 10–11.

188 —— "El teatro del silencio y de lo inexpresado".
14/VI/28: 11, 13.

189 —— "El teatro oficial ruso, Vakhtangoff". 19/VII/28: 10.

190 —— "Insistiendo". 22/IX/27: 13.

191 —— "La reconstrucción del antiguo teatro español en
Rusia". 29/IV/28: 7–8.

192 —— "La reconstrucción del antiguo teatro español en
Rusia". 5/IV/28: 7.

193 Martínez de la Riva, R. "María Guerrero y el teatro en
España". 25/IV/35: 12.

194 Martínez Ruiz, José. "A+B+A". 15/X/26: 1.

195 —— "Clausura". 8/IX/27: 9–10.

196 —— "Contra el teatro literario". 21/IV/27: 7.

197 —— "De la crisis teatral". 23/VI/25: 1–2.

198 —— "De las candilejas". 15/IX/27: 10–11.

199 —— "Decoraciones". 6/X/27: 11.

200 —— "Desenlaces". 24/X/29: 10.

201 —— "Dos autos sacramentales". 15/V/26: 1–2.

202 —— "Dos palabras a los críticos". 25/XII/26: 6.

203 —— "El arte del actor". 3/XII/25: 7.

204 —— "El pleito teatral". 26/III/26: 1.

205 —— "El porvenir del teatro". 10/XI/27: 9–10.

206 —— "El porvenir del teatro". 22/X/26: 1.

207 —— "El superrealismo es un hecho evidente". 7/IV/27: 9–
10.

208 —— "El teatro de Benavente". 4/IX/26: 1–2.

209 —— "El teatro futuro". 5/XI/26: 1.

210 —— "El 'cine' y el teatro". 26/V/27: 9–10.

211 —— "Humoradas teatrales". 12/VI/26: 1–2.

212 —— "Inepcias de la crítica. La obra no está lograda".
    26/II/27: 1–2.

213 —— "Inutilidad de la crítica teatral". 15/II/27: 1–2.

214 —— "Juan Victor Pellerín". 12/V/27: 9–10.

215 —— "La comedia clásica". 12/I/28: 7.

216 —— "La crítica teatral". 11/XI/26: 1.

217 —— "La cuestión de los críticos autores". 15/I/27: 3–6.

218 —— "La innovación de Benavente". 8/XII/27: 9–11.

219 —— "La interpretación escénica". 23/IV/26: 1–2.

220 —— "La renovación teatral". 6/VIII/26: 1–2.

221 —— "La revolución teatral". 28/XI/29: 10.

222 —— "La situación teatral". 28/VII/27: 10.

223 —— "La verdadera crítica". 11/III/27.

224 —— "Las acotaciones teatrales". 12/VIII/26: 1–2.

225 —— "Las cuartillas y el escenario". 23/VI/27: 10.

226 —— "Los críticos teatrales". 17/XI/26: 1.

227 —— "Los famosos críticos". 7/XII/26: 1–4.

228 —— "Los hermanos Alvarez Quintero según Azorín".
    31/VII/24: 4–6.

229 —— "Muñoz Seca, el libertador". 5/II/27: 1.

230 —— "Opiniones de Gaston Baty". 2/VI/27: 9–10.

231 —— "Sassone y las candilejas". 29/IX/27: 10–11.

232 —— "Sobre el teatro". 20/II/26: 3–4.

233 —— "Una obra superrealista". 14/IV/27: 7.

234 —— "Otra vez y siempre". 1/IX/27: 9–10.

235 —— "¿Críticos teatrales? ¡Bah!". 4/I/27: 3–6.

236 Montes, Eugenio. "El teatro infantil y las comedias de magia".
    9/IV/31: 23–24.

237 Penella, Manuel. "El teatro lírico nacional". 21/IV/27: 7.

238 Polo Benito, J. "La crisis del teatro y sus remedios".
    30/VIII/34: 14, 15.

239 Pujol, Juan. "El gusto por el teatro exótico. La evasión
    de la vida real". 20/III/30: 10.

240 —— "El retorno a la vida real. Lo cómico y lo

verosímil".   24/IV/30: 10.

241 —— "El teatro y la vida".   19/VI/30: 10–11.

242 —— "España y el teatro judío".   2/X/30: 10.

243 —— "Gentes y cosas del teatro".   26/XII/29: 10.

244 —— "Teatro para llorar".   17/VII/30: 10–11.

245 —— "Teatro revolucionario".   23/VII/31: 13.

246 Quijano, José D. "Decadencia y crisis del teatro".
2/IV/36: 10–12.

247 —— "Del año teatral".   5/VII/34: 13, 15.

248 Rivas Cherif, Cipriano. "Clasicismo y modernidad. Cartel
de una empresa".   2/I/30: 11,13.

249 —— "Jean Cocteau".   13/XII/28: 13.

250 —— "La cifra Rex. Una cámara para espectáculos dentro
del espectador".   4/X/28: 10–11.

251 —— "La declamación lírica".   30/VIII/28: 10–11.

252 —— "Teatro y cine. Una sala y un tabladillo".   5/IX/28: 10–11.

253 —— "Un gran teatro en Las Palmas".   19/VII/28: 10.

254 Ríos de Lampérez, Blanca de. "Calderón, precursor de Wagner
y del teatro moderno".   22/IX/27: 9–10.

255 —— "Calderón, precursor de Wagner y del teatro moderno".
25/VIII/27: 10–11.

256 —— "Calderón, precursor de Wagner y del teatro moderno".
2/VI/27: 10–11.

257 —— "Calderón, precursor de Wagner y del teatro moderno".
30/VI/27: 11.

258 —— "Calderón, precursor de Wagner y del teatro moderno".
9/VI/27: 10.

259 Salaverra, José María. "La hora dramática del teatro".
27/I/27: 10.

260 Salazar, Rodolfo de. "Resumen teatral del año 1922".
2/I/23: 13–14.

261 Saldaña, Quintiliano. "El público y la crítica teatral".
24/V/27: 13.

262 —— "El teatro y el cinematógrafo".   5/VII/28: 10–11.

263 San José, Diego. "Teatro político". 4/XII/30: 10.

264 Santander, Federico. "Cuando hay teatro... ¡Hay teatro!".
28/II/35: 13–14.

265 —— "Marxistas contra marxistas". 8/VIII/35: 15, 17.

266 Sassone, Felipe. "A propósito de *Mélo*, de Bernstein".
8/V/30: 10.

267 —— "Comedias blancas". 3/XI/27: 9–10.

268 —— "Comedias y cómicos de España". 19/IX/29: 10–11.

269 —— "Comedias y películas". 2/IV/26: 7.

270 —— "Comentarios de comentarios. Un artículo de Jules
Romains". 10/IV/30: 10.

271 —— "Consejos a un comediante". 30/III/33: 12.

272 —— "Cosas del teatro. El señor director". 10/VIII/26: 7.

273 —— "Del género llamado revista". 12/I/33: 14.

274 —— "El maestro de la luz". 30/XI/33: 11, 15.

275 —— "El peligro blanco". 17/X/35: 10, 12.

276 —— "El personaje y la personalidad". 23/VIII/28: 10–11.

277 —— "El público del teatro". 7/V/31: 8–10.

278 —— "En torno al superrealismo". 17/V/27: 10.

279 —— "Encuesta anónima". 28/VI/34: 14.

280 —— "Fiebre de estrenos". 28/IV/32: 10–12.

281 —— "La crisis de la rutina". 27/IX/34: 13–14.

282 —— "La opinión de... ¿un podrido?". 12/III/31: 23–4.

283 —— "La pluralidad de escenarios". 17/I/29: 14.

284 —— "La temporada que empieza... y la que se fue". 3/X/29: 11,
13.

285 —— "La letra de las comedias". 12/VI/30: 10.

286 —— "Las palabras de las comedias". 29/V/24: 1–2.

287 —— "Las señoritas se quieren casar". 27/V/25: 7.

288 —— "Los actores ciegos". 1/IX/27: 11.

289 —— "Los secretos del oficio". 14/VIII/26: 1–2.

290 —— "Mi amigo el apuntador". 28/IX/33: 12.

291 —— "Mi cuarto a espadas". 6/IX/34: 12–14.

292 —— "Nuestro teatro de verso". 11/XI/25: 1–2.

293 —— "Panem et Circenses". 25/X/34: 14.

294 —— "Para el teatro español. Admonición, esperanza y augurio". 22/VIII/29: 11, 13.

295 —— "Piénselo bien". 28/XI/24: 24.

296 —— "Pláticas en el desierto". 26/IX/29: 10–11.

297 —— "Por la crisis teatral, a Benavente". 15/IV/25: 7.

298 —— "Por nuestra españolísima zarzuela". 27/VIII/26: 2.

299 —— "Puntadas sin nudo. Remiendos de literatura teatral". 6/II/30: 11.

300 —— "Sermón perdido". 29/VIII/29: 10–11.

301 —— "Sermón perdido". 30/VIII/34: 14–15.

302 —— "Señor espectador". 11/V/33: 14.

303 —— "Superrealismo y ultrarrealismo". 26/IV/28: 10–11.

304 —— "Teatralerías veraniegas". 16/VIII/34: 12–14.

305 —— "Teatralerías". 11/X/34: 14.

306 —— "Teatro aristocrático y popular". 26/II/25: 6.

307 —— "Teatro de arte". 3/VII/25: 1.

308 —— "Teatro español". 21/XII/33: 15.

309 —— "Teatro Nuevo y teatro viejo". 23/IV/31: 20–22.

310 —— "Teatro para leer". 28/I/25: 7.

311 —— "Un decorado para el 'Don Juan'". 10/XI/27: 14.

312 —— "Una victoria del teatro". 2/VIII/34: 12, 14.

313 —— "Viejos temas. El verso en el teatro". 28/X/26: 1–2.

314 —— "Vuelva usted a ver esa comedia". 20/XII/34: 13–14.

315 —— "Y dale con las candilejas". 6/X/27: 14.

316 —— "Zarzuelerías". 5/IX/29: 11.

317 —— "...Y el cañón es cerbatana". 20/IX/34: 12–14.

318 —— "¡Teatros, muchos teatros!". 28/VII/32: 14.

319 —— "¿Por qué no escribe Ud. un sainete?". 23/IX/25: 7–8.

320 —— "¿Teatritos de vanguardia?". 26/6/25: 7.

321 Sherriff, R.C. (Cipriano Rivas Cherif). "Defensa del realismo". 25/IX/30: 10.

322 Sánchez Mazas, Rafael. "Carta de Polichinela". 21/III/29: 10–11.

323 —— "El volverse la concha. Sobre la comedia de Ramón".
19/XII/29: 10.

324 —— "El 'Quijote' de Bragaglia". 21/VII/27: 11–13.

325 —— "Ni la literatura ni la vida. La teatralidad del
teatro". 21/II/29: 10.

326 —— "Templo, estado y teatro. Necesidad de proteger la
escena". 15/VIII/29: 11, 13.

327 Sánchez Ocaña, F. "La nueva etapa del teatro español".
5/V/27: 10–11.

328 Trivelín. "El teatro clásico, las refundiciones y la
crítica según Díaz de Mendoza". (Una entrevista con Díaz de
Mendoza.) 24/I/29: 10–11.

329 —— "El teatro español y el nuevo teatro". (Una entrevista con
Gregorio Martínez Sierra) 18/IV/29: 10.

330 Uhthoff, Enrique. "La poesía y el teatro". 31/I/35: 14–15.

331 Villaseca, Rafael. "La zarzuela española. Una nueva
campaña artística favorable a su porvenir". 5/IX/26: 7.

332 Zarraga, Miguel de. "El águila despliega sus alas".
7/VII/27: 11–13.

333 Zurita, Marciano. "¿Renovación o crisis?". 31/III/27: 7.

INDICE PARA LA BIBLIOGRAFIA
DE ARTICULOS EN *ABC*